ALEXANDER HACKING

DAYTRADING
Komplett-Anleitung

Alles, was Sie als Trading-Einsteiger über CFDs, Forex und technische Analysen wissen müssen. So maximieren Sie Ihre Gewinne bei geringem Risiko und kleinem Startkapital

Inhaltsverzeichnis

Einleitung

Dieses Buch liefert Ihnen erprobte Werkzeuge und Strategien für das erfolgreiche Daytrading. Es bietet Ihnen einen fundierten Einstieg in die Welt des Daytradings und vermittelt umfassendes Wissen über verschiedene Marktstrategien, Anlagetools und Handelsmöglichkeiten. Schritt für Schritt werden Sie in die Grundlagen des erfolgreichen Handelns eingeführt, sodass Sie Ihr finanzielles Potenzial entfalten und effektiv ein zusätzliches Einkommen erzielen können.

Das Ziel dieses Buches ist es, Ihnen nicht nur die Grundlagen des Daytradings zu vermitteln, sondern auch zu zeigen, wie Sie Ihr Geld klug und gewinnbringend anlegen können. Dabei geht es nicht um schnelle Gewinne oder riskante Spekulationen. Vielmehr erfordert eine erfolgreiche Handelsstrategie sorgfältige Planung, gründliche Marktanalyse und disziplinierte Umsetzung. Selbst mit kleinen Beträgen lässt sich langfristig ein profitables Handelsportfolio aufbauen.

In diesem Leitfaden finden Sie die wichtigsten Tipps und Tricks für Einsteiger, um strategisches Trading zu entwickeln. Sie lernen, Trends zu erkennen, Risiken zu minimieren und die besten Trades auszuwählen. Die Kapitel bieten fundierte Hinweise und praxisnahe Ratschläge, die Ihnen helfen, bei volatilen und unberechenbaren Märkten sicher zu agieren.

Ein entscheidender Faktor für den Erfolg im Daytrading ist die richtige Trading-Psychologie. Der mentale und psychische Zustand spielt eine wesentliche Rolle und kann maßgeblich über Gewinn oder Verlust entscheiden. Angst und Gier sind die größten Hindernisse für nachhaltigen Trading-Erfolg. Um erfolgreich zu handeln, ist es daher wichtig, Ihre Emotionen unter Kontrolle zu halten und diszipliniert zu agieren – basierend auf einer soliden Strategie mit klaren Regeln. Aus diesem Grund widmet sich dieses Buch ausführlich den psychologischen Aspekten des Tradings.

Darüber hinaus werden verschiedene Risikomanagement-Techniken vorgestellt, um Verluste zu begrenzen und Gewinne zu maximieren. Im Daytrading kann jede falsche Entscheidung teuer werden, daher ist ein effektives Risikomanagement unerlässlich.

Obwohl es keine Garantien für den Erfolg an den Finanzmärkten gibt, bietet dieser Leitfaden alle notwendigen Werkzeuge, um ein solides Handels-Knowhow aufzubauen und langfristig erfolgreich zu sein. Seien Sie bereit für neue Herausforderungen und handeln Sie mit Vertrauen und Wissen!

1.
Einführung in das Daytrading

Sind Sie bereit, in das Daytrading einzusteigen? Dann kann es jetzt losgehen! Dieses Kapitel wird Ihnen alles Wichtige und Praktische vermitteln, was Sie über das aufregende und potenziell gewinnbringende Daytrading wissen müssen. Zunächst werden die grundlegenden Konzepte und Strategien vorgestellt, gefolgt von praxisnahen Tipps. Zudem werden wichtige Begriffe und Methoden erläutert, damit Sie sich sicher fühlen und fundierte Entscheidungen treffen können.

Daytrading mag herausfordernd sein, aber es bietet auch spannende Möglichkeiten, Ihr Vermögen zu vermehren. Starten Sie Ihre Reise in die Welt des Daytradings und legen Sie den Grundstein für Ihren Erfolg!

Was ist Daytrading?

Daytrading ist eine Methode des Handels, bei der Trader Finanzinstrumente wie Aktien, Währungen, Rohstoffe oder Derivate erwerben und veräußern. Ziel ist es, von möglichst kurzfristigen Preisänderungen in die gewünschte Richtung zu profitieren. Die Bezeichnung „Daytrading" leitet sich aus der Tatsache ab, dass Daytrader üblicherweise innerhalb eines einzigen Handelstages Kauf- oder Verkaufsaufträge öffnen und schließen. So wird vermieden, dass Positionen über Nacht offen bleiben, was zu nachteiligen Kursentwicklungen führen kann.

Dabei lässt sich Daytrading anhand der folgenden typischen Merkmale beschreiben:

- Der Handel erfolgt auf kurze Sicht: Positionen werden oft nur für Minuten oder Stunden gehalten und nur äußerst selten über Nacht.

- Daytrader verwenden für ihre Handelsentscheidungen häufig technische Analysewerkzeuge wie Diagramme, Indikatoren und Chartformationen.

- Daytrader suchen nach Finanzinstrumenten mit hoher Schwankungsbreite (Volatilität), da größere Preisbewegungen in kurzen „Zeitfenstern" und in die gewünschte Richtung höhere Chancen auf einen profitablen Trade bieten.

- Nicht wenige Daytrader hebeln ihr Kapital, um größere Positionen zu handeln, als sie eigentlich aus eigenem Kapital finanzieren könnten. Dadurch sind höhere Gewinne möglich, aber auch höhere Verluste.

- Typischerweise bedarf es schneller Entscheidungen im Daytrading. Es gilt, in Echtzeit auf Marktentwicklungen zu reagieren und oft blitzschnell zu ordern.

- Um erfolgreich im Daytrading zu bleiben, sind diszipliniertes Vorgehen sowie effektives Risiko- und Moneymanagement zur Begrenzung möglicher Verluste unabdingbar.

- Aufgrund der hohen Anzahl an Trades beim Daytrading können die Kosten und Gebühren erheblich sein und somit die Gesamtrendite negativ beeinflussen.

Das bedeutet: Trading kann sehr wohl knallhart, aber auch unglaublich spannend und lohnend sein. Es gibt einem mit den heutigen, online sehr leicht und überall verfügbaren Handelssystemen die Freiheit, selbst zu entscheiden, wann und wo man handelt. Man hat eine hohe Flexibilität im Alltag, keine festen Arbeitszeiten und kann bequem von zu Hause aus agieren. Es bedeutet, freies, eigenes Kapital nach persönlichen Vorstellungen zu handeln.

Beim Trading ist man aktiv und handelt gezielt. Vorherige Recherchen werden durchgeführt, Charts und Handelsinstrumente analysiert. Ein Handelssystem wird genutzt und nach dessen Regeln gehandelt. Das alles geschieht kurzfristig innerhalb eines Tages ohne schlaflose Nächte.

Vor allem: Jeder normale Bürger – ob Student oder Rentner – kann erfolgreich im Trading an den Börsen sein. Alles, was Sie brauchen, ist Disziplin, Geduld und Wissen. Sie müssen kein Finanzexperte sein oder einen Nadelstreifenanzug tragen. Trading ist keine Hexerei, sondern eine praktische Disziplin, die erlernt werden kann. Im Grunde geht es darum, zum richtigen Zeitpunkt zu kaufen und zu verkaufen, mit dem Ziel einer mindestens auskömmlichen Gewinnspanne. Doch es geht auch um mehr als das: Im Fokus steht nicht nur der kurzfristige Profit, sondern ebenfalls der langfristige Erhalt und Ausbau des eingesetzten Kapitals.

Insgesamt bietet das Daytrading somit enorme Möglichkeiten für jeden Einzelnen, sich finanziell weiterzuentwickeln, indem man kontrollierte Risiken eingeht sowie durch stetige Praxis und Weiterbildung seinen eigenen Trading-Stil optimiert. Und: Das hier erworbene tiefere Verständnis von den Märkten und davon, was sie bewegt, kann sehr wohl auch nützlich für Entscheidungen in anderen Bereichen des täglichen Lebens sein. Also warum nicht selbst aktiv werden?

Warum Daytrading?

Daytrading findet in immer größeren Bevölkerungskreisen wachsendes Interesse. Für diese ist es in Zeiten hoher Inflation aus mehreren Gründen eine attraktive Möglichkeit:

- *Potenziell höhere Renditen:* Daytrading bietet die Möglichkeit, in kurzer Zeit höhere Renditen zu erzielen, insbesondere auf volatilen Märkten. Verzinste Geldanlagen sind zwar risikoarm, haben aber niedrigere Renditen, die oft nicht ausreichen, um Ihre finanziellen Ziele zu erreichen. Die Wahl zwischen Daytrading und risikoarmen Zinsprodukten hängt von Ihren persönlichen Zielen, Ihrem Kenntnisstand und Ihrer Risikobereitschaft ab. Es ist oft ratsam, eine ausgewogene Anlagestrategie zu verfolgen, die sowohl langfristige, risikoarme Anlagen als auch kurzfristig lukrative Handelsmöglichkeiten berücksichtigt.

- *Keine langfristige Bindung:* Beim Daytrading müssen Sie keine langfristigen Verpflichtungen eingehen. Sie schließen Ihre Positionen in der Regel am Ende des Handelstages und sind nicht über längere Zeiträume an Ihre Investition gebunden.

- *Chance zum Aufbau und zur Entwicklung finanzieller Kompetenzen:* Daytrading erfordert ein gründliches Verständnis der Märkte und Handelsstrategien, was die Möglichkeit zur kontinuierlichen Verbesserung des eigenen Finanz-Know-hows bietet.

- *Finanzielle Unabhängigkeit:* Daytrading bietet die Möglichkeit, finanzielle Unabhängigkeit zu erreichen, jedoch nur unter bestimmten Voraussetzungen. Diese umfassen eine höhere Risikobereitschaft, solide praktische Fähigkeiten und eine gut durchdachte, disziplinierte Handelsstrategie. Garantien gibt es natürlich keine, daher sollten Sie niemals Kredite zur Finanzierung Ihres Daytradings verwenden.

Ein wichtiger Punkt für viele ist die finanzielle Unabhängigkeit. Bankkunden müssen oft Gebühren für die Nutzung ihres eigenen Geldes zahlen – sie müssen also „Geld fürs Geld" zahlen. Wenn Ersparnisse bei Banken geparkt werden, entstehen Kosten, was für viele Menschen eine unbefriedigende Situation darstellt. Tagesgeldkonten bieten nach Abzug der Gebühren kaum Rendite, wenn die Inflationsrate über den Zinssätzen liegt. Dies führt zu einem dramatischen Wertverlust des eigenen Vermögens. Als lukrative Alternative bleibt oft nur das eigenständige Handeln an der Börse, bei dem keine hohen Provisionen und Gebühren für fremde Verwalter oder Berater anfallen. Zudem haben die letzten Jahre gezeigt, dass die Börsen weiterhin attraktive Renditen für viele Anlageinstrumente bieten.

Fazit: Daytrading bietet eine attraktive Möglichkeit, an den Börsen hohe Renditen zu erzielen. Insbesondere in Zeiten niedriger Zinsen auf herkömmliche Sparanlagen ist es ratsam, alternative Wege zum Vermögenserhalt und zur Geldvermehrung zu suchen. Aus diesem Grund stellen immer mehr Anleger ihre bisherige Strategie infrage und wenden sich dem Daytrading als vielversprechende Möglichkeit zur Vermögensentwicklung zu. Es bietet im Erfolgsfall hohe Renditen in kurzer Zeit und stellt somit eine interessante Alternative zu klassischen Geldanlagen dar. Allerdings sollte man sich bewusst sein, dass mit dem Potenzial für hohe Gewinne immer auch ein entsprechendes Risiko einhergeht.

Welche Chancen und Risiken bestehen beim Daytrading?

In den vorherigen Kapiteln wurden bereits einige der motivierenden Aspekte und Möglichkeiten des Daytradings vorgestellt. Doch es ist ebenso wichtig, die potenziellen Gefahren zu kennen und zu verstehen, um fundierte Entscheidungen treffen zu können.

Neben den attraktiven Renditechancen gibt es auch eine Kehrseite: die Risiken. Und diese sollten Sie unbedingt beachten:

- *Hohe Verlustrisiken:* Aufgrund der kurzfristigen Natur des Daytradings ist das Verlustrisiko hoch. Schon ein einziger schlechter Trade kann zu erheblichen Verlusten führen.

- *Stress und psychologische Belastung:* Daytrader müssen stressige Entscheidungen in Echtzeit treffen und mit emotionalen Höhen und Tiefen umgehen. Dies kann zu erheblichem Stress und Druck führen.

- *Gebühren und Kosten:* Die Kosten für den Handel, einschließlich Handelsprovisionen und Spreads, können sich aufgrund der hohen Handelsaktivität erheblich summieren und nachteilig auf die Gesamtrendite auswirken.

- *Mangelnde Garantie für Erfolg:* Nur wenige Daytrader sind langfristig erfolgreich. Die Mehrheit erzielt Verluste. Vergessen Sie bitte nicht, dass auch die besten und historisch treffsichersten Strategien immer nur die höchsten Wahrscheinlichkeiten bieten, einen Gewinn zu erzielen. Diese Strategien helfen zwar, Prognosen anhand vergangener Preisbewegungen zu treffen, bieten Ihnen aber keine Garantie, zukünftige Preisbewegungen korrekt vorherzusagen.

- *Zeitaufwand:* Daytrading beansprucht Zeit und Engagement, da es nicht selten mit intensiver Beobachtung der Märkte verbunden ist. Es ist auch nicht ausgeschlossen, dass Sie es in bestimmten Phasen nicht in Einklang mit Ihren anderen beruflichen oder persönlichen Verpflichtungen bringen können.

- *Marktrisiken:* Selbst erfahrene Daytrader können keine vollständige Kontrolle über alle Marktbewegungen haben. Unerwartete Ereignisse oder Nachrichten können den Markt plötzlich beeinflussen und die besten Handelspläne durchkreuzen. Daher: Märkte bleiben unvorhersehbar und keine Analysemethode kann zu 100 Prozent exakt zutreffende Prognosen liefern.

Bedenken Sie daher: Bevor Sie sich für Daytrading entscheiden, ist es wichtig, die Risiken und Herausforderungen zu verstehen, ausreichend Wissen und Erfahrung zu sammeln, eine solide Handelsstrategie zu entwickeln und ein effektives Risikomanagement zu praktizieren.

Tipp: Eine kluge Variante für den Einstieg ist es, mit einem Demokonto zu üben, bevor Sie echtes Geld einsetzen. Denn das Demokonto oder ein sogenanntes „Papertrading" ist ein äußerst nützliches Werkzeug für angehende Daytrader und hat mehrere Vorteile:

- *Lernen ohne Risiko:* Mit einem Demokonto brauchen Sie kein echtes Geld einzusetzen, um den Handel und die Märkte kennenzulernen. So können Sie lernen und Ihre Fähigkeiten verbessern, ohne finanzielle Verluste zu riskieren.

- *Übung und Erfahrung sammeln:* Ein Demokonto ermöglicht Ihnen, verschiedene Handelsstrategien auszuprobieren, unterschiedliche Handelsplattformen zu testen und sich mit der technischen Analyse zu beschäftigen.

- *Vertrautheit mit der Plattform:* Bei den meisten Handelsplattformen sehen echte Konten und Demokonten identisch aus. Durch die Nutzung eines Demokontos können Sie sich mit der Plattform vertraut machen und sicherstellen, dass Sie wissen, wie Sie Aufträge erteilen, Positionen öffnen und schließen können.

- *Risikomanagement üben:* Sie können verschiedene Aspekte des Risikomanagements üben, wie zum Beispiel das Setzen von Stop-Loss-Orders und das Bestimmen der richtigen Positionsgröße, um auf diese Weise Ihr Kapital zu schützen.

- *Strategien testen:* Mit einem Demokonto können Sie verschiedene Handelsstrategien testen, um herauszufinden, welche für Sie am besten funktionieren. Sie können sehen, wie diese Strategien unter verschiedenen Marktbedingungen abschneiden.

- *Emotionales Training:* Das Demokonto kann auch dazu beitragen, emotionales Training zu praktizieren. Sie können lernen, mit Stress und Druck umzugehen und die emotionalen Herausforderungen des täglichen Handels zu bewältigen, ohne echtes Geld zu riskieren.

Es ist jedoch wichtig zu beachten, dass ein Demokonto eben nicht zu 100 Prozent die Wirklichkeit widerspiegelt. Die Ausführung von Aufträgen in Echtzeit und das Verhalten der Märkte können sich vom echten Handel unterscheiden. Daher ist es ratsam, nach einer ausreichenden Übungszeit per Demokonto zunächst mit einem kleinen Betrag Echtgeld zu starten, um die tatsächlichen Auswirkungen auf Ihr Kapital und Ihre Emotionen zu erleben und zu lernen, diese zu beherrschen.

2.
Grundlagen: Technische & fundamentale Analyse und mehr

Die technische und fundamentale Analyse sind zwei grundlegende Herangehensweisen im Börsenhandel. Sie dienen dazu, Entscheidungen für den eigenen Handel zu treffen und die dabei zugrunde liegenden Marktbewegungen zu verstehen.

Bei der technischen Analyse liegt der Fokus auf dem Verständnis von Charts und Indikatoren, ohne dabei fundamentale Daten zu berücksichtigen. Die fundamentale Analyse hingegen zielt darauf ab, den inneren Wert eines Vermögenswerts durch die Untersuchung wirtschaftlicher, finanzieller und branchenspezifischer Faktoren eines Unternehmens oder Marktes zu bestimmen.

Sie konzentriert sich dabei auf die Analyse von Daten, welche die tatsächliche Leistung und den Wert des zugrunde liegenden Handelsinstruments (zum Beispiel Aktiengesellschaft bzw. Unternehmen) beeinflussen können. Während die technische Analyse eher kurzfristig orientiert ist und Kursbewegungen analysiert, ist die Sichtweise bei der fundamentalen Analyse tendenziell langfristig (zum Beispiel eine Bewertung der wirtschaftlichen Gesundheit eines Unternehmens) ausgerichtet.

Beide Analysen haben ihre Vor- und Nachteile. Viele erfahrene Trader und Investoren kombinieren daher beide Ansätze miteinander, um umfassendere Einblicke zu erhalten und robustere Entscheidungen treffen zu können. Für den Einstieg in das Daytrading würde die eher langfristig orientierte Fundamentalanalyse mit ihrer Vielfalt an Kennzahlen jedoch zu weit führen.

Chartanalyse

Die Methode der Chartanalyse im Börsenhandel besteht darin, Preis- und Volumendaten in Diagrammen zu analysieren. Ein Chart ist ein Diagramm, das den Verlauf des Preises einer Aktie oder eines anderen Handelsinstruments über einen festgelegten Zeitraum anzeigt. Ein Trader kann darin Muster und Trends erkennen, die Annahmen über mögliche zukünftige Kursbewegungen ermöglichen. Diese Analyse stützt sich auf historische Chartentwicklungen. Die Grundannahme ist dabei, dass sich vergangene Kursbewegungen mit einer gewissen Wahrscheinlichkeit wiederholen und bestimmte Muster daher auf kommende Entwicklungen hinweisen. Die Chartanalyse spielt eine wichtige Rolle innerhalb der technischen Analyse und soll die Entscheidungsfindung für den Handel erleichtern. Hier sind einige grundlegende Werkzeuge der Chartanalyse:

Preisdiagramme

Preisdiagramme dienen dazu, die vergangenen Kursbewegungen eines Vermögenswerts zu veranschaulichen. Dabei wird der Zeitverlauf auf der x-Achse und die Kursentwicklung auf der y-Achse dargestellt. Es existieren verschiedene Charttypen, welche unterschiedliche Informationen liefern können. Die gängigsten Arten von Diagrammen sind Liniencharts und Kerzencharts (Candlestick-Charts). Allerdings ist nicht jeder Charttyp für jede Art von Handelsinstrument geeignet.

Kerzen bzw. Kerzencharts

Kerzen bzw. Kerzencharts (Candlestick-Charts) sind im Daytrading eine große Hilfe. Sie bieten eine visuelle Darstellung von Preisbewegungen und ermöglichen so, Muster zu identifizieren. Um sie richtig zu verstehen, sollten die Bestandteile einer Kerze sicher gelesen werden können. Dabei enthält jede Kerze im Kerzenchart für den jeweils ausgewählten Zeitraum vier wichtige Informationen:

- Den höchsten Kurs
- Den tiefsten Kurs
- Den Eröffnungskurs (erster Kurs)
- Den Schlusskurs (letzter Kurs)

Die Kerzen bestehen aus einem Körper (s. Abb. 1) und den beiden Schatten (Docht bzw. Lunte). Der Kerzenkörper ist der mittlere, breitere Teil zwischen Eröffnungs- und Schlusskurs. Die sogenannten Schatten sind die dünnen Linien über und unter dem Kerzenkörper, die für die höchsten (Docht) und niedrigsten Kurse (Lunte) während eines Handelsintervalls (Zeitraum) stehen.

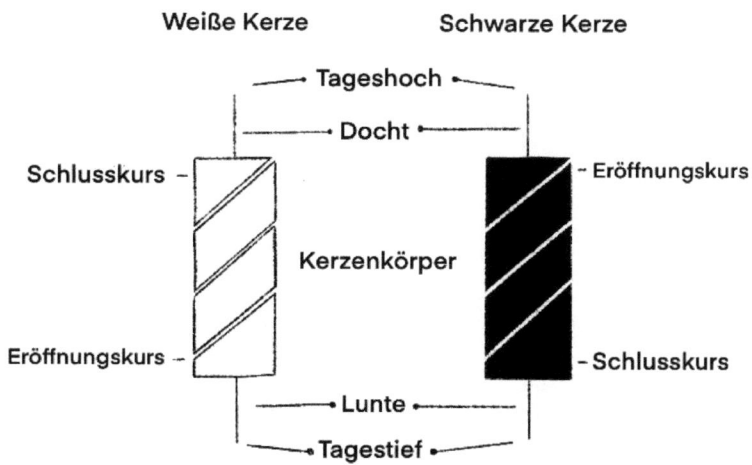

Abb. 1: Aufbau und Symbolik der Kerzen

Liegt der Schlusskurs oberhalb des Eröffnungskurses, ist also der Kurs im Zeitraum gestiegen, so wird der Körper der Kerze weiß dargestellt (s. Abb. 1, links). Im umgekehrten Fall, wenn der Kurs zum Schluss unter dem Eröffnungskurs im betrachteten Zeitraum liegt und damit gefallen ist, wird der Kerzenkörper schwarz abgebildet (s. Abb. 1 rechts).

Liniencharts

Der Linienchart veranschaulicht die Preisentwicklung eines Finanzinstruments wie zum Beispiel einer Aktie über einen festgelegten Zeitraum. Übliche Zeitintervalle sind 1 Sekunde, 1, 2, 5, 15 oder 30 Minuten und auch 1 oder 4 Stunden. Im Gegensatz zu anderen Diagrammtypen wie Kerzencharts oder Balkendiagrammen werden Liniencharts durch einfache Linien dargestellt, die die Schlusskurse des jeweiligen Finanzinstruments innerhalb der vom

Anleger gewählten Zeitintervalle (1 Sekunde, 1, 2, 5, 15, 30 Minuten, 1 oder 4 Stunden) miteinander verbinden.

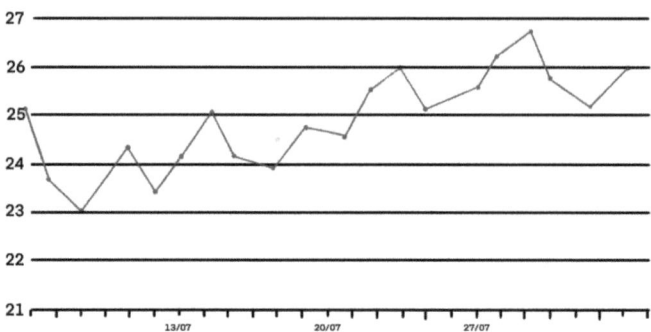

Abb. 2: Linienchart

Der Vorteil von Liniencharts besteht in ihrer Einfachheit: Sie ermöglichen eine schnelle Erkennung des allgemeinen Trends eines Vermögenswerts. Allerdings bieten sie im Vergleich zu Kerzencharts oder Balkendiagrammen weniger Informationen über Hochs und Tiefs sowie Eröffnungskurse innerhalb des voreingestellten Zeitraums. Daher sind sie in der Regel weniger geeignet für die Analyse von kurzfristigen Schwankungen eines Finanzinstruments.

Dennoch haben Liniencharts ihren Platz im Werkzeugkasten eines erfahrenen Traders, da sie schnell einen allgemeinen Trend sichtbar machen. Sie eignen sich auch gut zur Identifizierung von Unterstützungs- und Widerstandsniveaus sowie zum Vergleich mehrerer Vermögenswerte auf einen Blick.

Trendanalyse

Ein grundlegendes Konzept der Chartanalyse ist die Identifizierung von Trends. Der Trend ist die allgemeine Richtung, in die sich der Preis bewegt; er kann steigend (Aufwärtstrend), fallend (Abwärtstrend) oder seitwärts (Seitwärtstrend) sein. Ein Aufwärtstrend wird durch höhere Hochs und höhere Tiefs gekennzeichnet, während ein Abwärtstrend durch tiefere Hochs und tiefere Tiefs geprägt ist. In einem Seitwärtstrend bewegen sich die Preise innerhalb einer bestimmten Spanne, ohne klare Auf- oder Abwärtsbewegungen zu zeigen. Die Trendanalyse unterstützt Daytrader dabei, fundierte

Entscheidungen zu treffen, indem sie sich an den vorherrschenden Trend anpassen. Es ist wichtig zu beachten, dass Trends nicht unendlich anhalten, denn Märkte können sich schon nach kurzer Zeit umkehren.

Unterstützungs- und Widerstandszonen

Unterstützungs- und Widerstandszonen werden anhand von Preisniveaus identifiziert, an denen der Vermögenswert in der Vergangenheit aufgehört hat zu fallen (Unterstützung) oder zu steigen (Widerstand).

Im Daytrading sind Unterstützungs- und Widerstandszonen wichtige Methoden der Chartanalyse. Sie beziehen sich auf spezielle Preisniveaus, an denen Vermögenswerte tendenziell auf eine gewisse Stützung oder einen sichtbaren Gegendruck treffen. Diese Niveaus werden durch Preisbewegungen im Chart aus der Vergangenheit ermittelt und können nützlich sein, um zukünftige Kursentwicklungen vorherzusagen und daraus lukrative Handelsstrategien für sich festzulegen.

Unterstützung (Support)

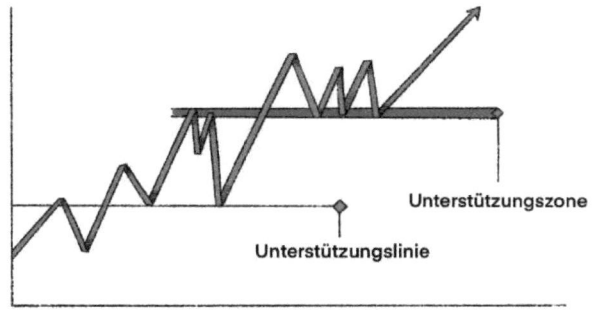

Abb. 3: Unterstützung (Support)

Eine Unterstützung (Support) kann bei Preisniveaus angenommen werden, bei denen der Kurs eines Vermögenswerts dazu neigt, aufgrund von Kaufinteresse und Nachfrage immer wieder zu steigen. Es handelt sich um einen Preisbereich oder ein Kursniveau (s. Abb. 3), an dem ausreichend Käufer bereit sind, den Vermögenswert wiederholt zu erwerben. Es ist daher sehr wahrscheinlich, dass hier auch zukünftig ein weiterer Rückgang des Preises durch den Markt verhindert wird.

Diese Unterstützungsniveaus können in einem Diagramm (Chart) durch eine horizontale Linie dargestellt werden (s. Abb. 3, „Unterstützungslinie"), die als visuelle Markierung für das Preisniveau dient. Wenn sich der Preis oder Kurs dieser Linie wieder nähert, kann erwartet werden, dass er erneut nach oben abprallt.

Eine Unterstützungslinie stellt dabei ein einzelnes, spezifisches Preisniveau dar, an dem sich der Kurs in der Vergangenheit mehrfach gedreht hat. Sie dient als präzise Orientierungshilfe und wird häufig in der Chartanalyse verwendet, um mögliche Kaufgelegenheiten zu identifizieren.

Unterstützungszonen hingegen umfassen einen Preisbereich, der mehrere nahe beieinanderliegende Unterstützungsniveaus oder Schwankungen berücksichtigt. Sie sind realistischer in volatilen Märkten, da Preise selten exakt an einer Linie reagieren.

Widerstand (Resistance)

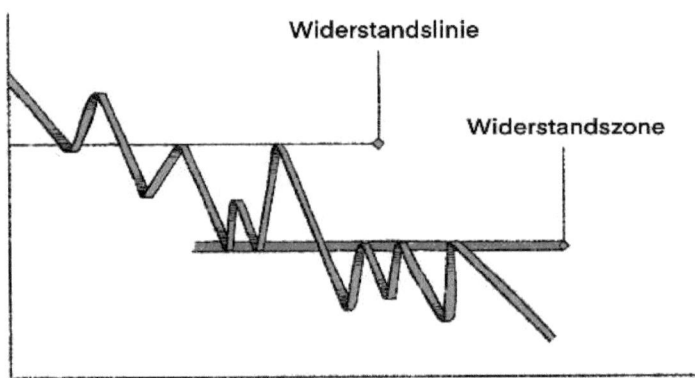

Abb. 4: Widerstand (Resistance)

Widerstand bezieht sich auf Preisniveaus, an denen der Kurs eines Vermögenswerts dazu neigt, wieder zu fallen (s. Abb. 4). Es zeigt sich dort zunehmendes Verkaufsinteresse, welches auf ein erhöhtes Angebot an

Verkaufsaufträgen trifft. Da viele Verkäufer bereit sind, den Vermögenswert zu verkaufen, wird ein weiterer Kursanstieg verhindert. Auch Widerstandsniveaus werden durch horizontale Linien im Kurschart („Widerstandslinie", s. Abb. 4) dargestellt. Es besteht die erhöhte Wahrscheinlichkeit, dass die Kurse zukünftig in der Nähe oder an dieser Linie wieder nach unten abprallen.Warum sind Unterstützungs- und Widerstandszonen im Daytrading wichtig? Sie bieten wertvolle Informationen für Trader, um fundierte Entscheidungen zu treffen und effektives Risikomanagement zu betreiben. Im Folgenden werden einige Gründe erläutert, warum Händler auf diese Zonen reagieren und wie sie sie zum eigenen Vorteil verwenden.

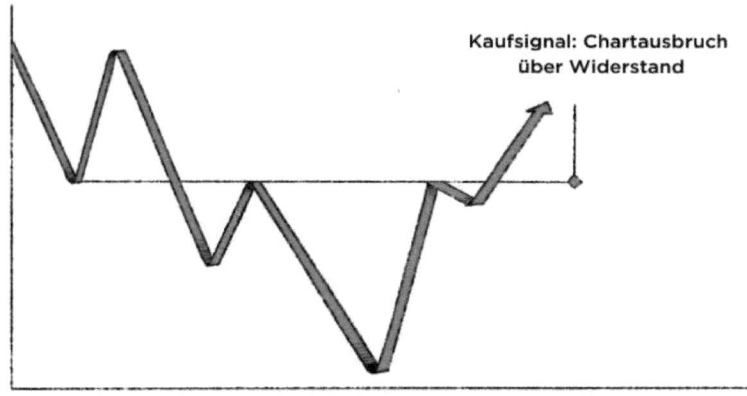

Abb. 5: Durchbruch über (früheren) Widerstand

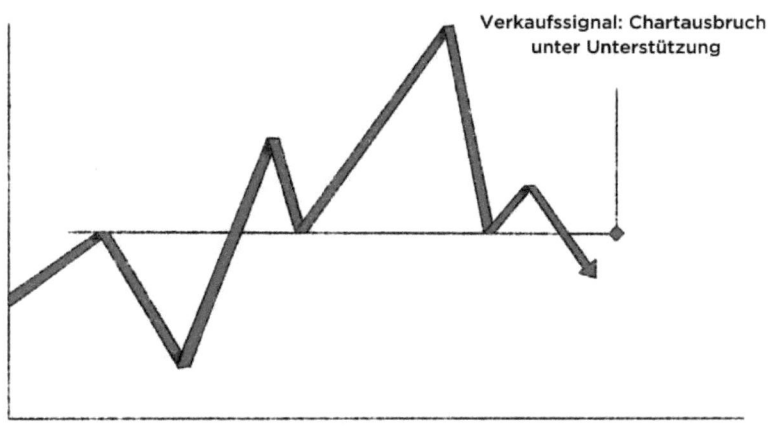

Abb. 6: Durchbruch durch (frühere) Unterstützung

- *Mögliche Wendepunkte* bei einer Trendumkehr: Wenn der Kurs eines Vermögenswerts ein Unterstützungs- oder Widerstandsniveau durchbricht, kann dies auf eine mögliche Trendumkehr hindeuten. Dann könnte dieser Ausbruch über einen bisherigen „Widerstand" (s. Abb. 5) hinaus auf eine neue, sich ausweitende Aufwärtsbewegung hinweisen, während ein Durchbruch unter eine bisherige „Unterstützung" (s. Abb. 6) einen neuen Abwärtstrend anzeigen könnte.

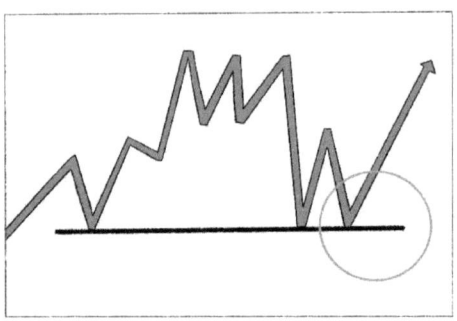

Abb. 7: Mögliches Kaufsignal

- *Ein- und Ausstiegspunkte* für den Handel: Daytrader verwenden Unterstützungs- und Widerstandslinien, um Handelsentscheidungen zu treffen. Ein Signal zum Kauf könnte auftreten, wenn der Kurs von einer Unterstützungslinie nach oben abprallt (s. Abb. 7, Kreis). Ein Verkaufssignal könnte eintreten, wenn er von einem Widerstand nach unten abprallt (s. Abb. 8, Kreis).

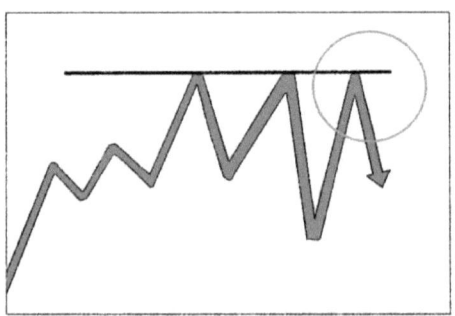

Abb. 8: Mögliches Verkaufssignal

- *Risikomanagement:* Unterstützungs- und Widerstandslinien werden auch dazu genutzt, den Vermögenswert zur Vermeidung von (weiteren) Verlusten zu verkaufen (s. Abb. 7, Kreis), wenn man zuvor auf fallende Kurse gesetzt hat, oder um die offene Position mit Gewinn zu schließen und den Gewinn mitzunehmen, was auch „Take-Profit" genannt wird (s. Abb. 8, Kreis).

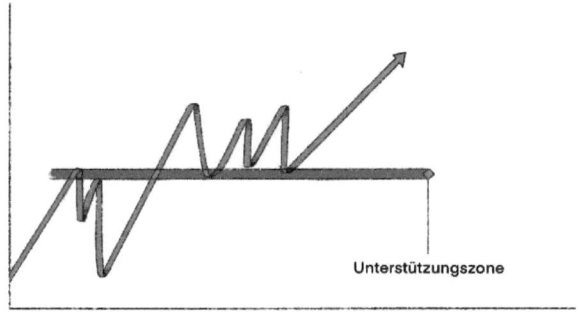

Abb. 9: Signal für wachsendes Käufer-Interesse

- *Trendbestätigung und Trendlinien:* Das Testen und Durchbrechen von Unterstützungs- und Widerstandsniveaus kann die Stärke oder Schwäche eines Trends bestätigen. Ein erfolgreicher Durchbruch könnte auf eine fortgesetzte Aufwärtsbewegung und dessen Stärke (s. Abb. 5) hinweisen. Umgekehrt gilt: Wenn der Kurs sich zum Beispiel in einem Aufwärtstrend bewegt und dabei regelmäßig an einer bestimmten Widerstandslinie nach unten abprallt, zeigt dies wiederum dessen Grenze und Schwäche (s. Abb. 8).

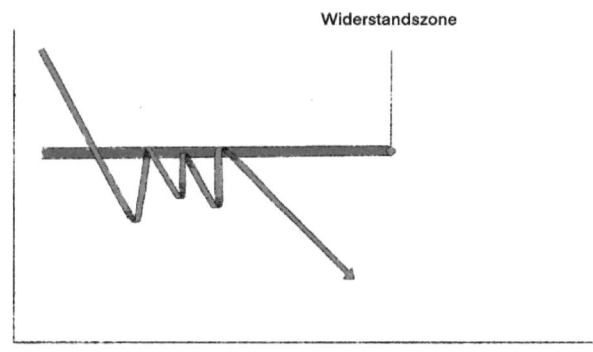

Abb. 10: Zunehmende Stärke der Verkäufer

- *Psychologische Bedeutung:* Diese Zonen geben oft ein psychologisches Signal für andere Marktteilnehmer. Unterstützungszonen können auf zunehmendes Interesse der Käufer hinweisen (s. Abb. 9), während Widerstandszonen wachsende Stärke der Verkäufer vermuten lassen (s. Abb. 10). Die Psychologie der Marktteilnehmer, die solche Zonen in ihre Entscheidungen einbeziehen, kann die Preisentwicklung stark beeinflussen, da viele entsprechend handeln, indem sie kaufen oder verkaufen.

Denken Sie immer daran, dass Unterstützungs- und Widerstandszonen keine festen, unveränderlichen Linien sind, sondern sich im Laufe der Zeit verschieben können.

Chartmuster

Chartmuster sind spezielle Formationen von Preisbewegungen, die auf zukünftige Kursentwicklungen hindeuten können. Es gibt zahlreiche Chartmuster im Börsenhandel, von denen einige mehr, andere weniger zuverlässig sind. Nur die zuverlässigsten Chartmuster, welche zugleich am häufigsten verwendet werden, sollen hier vorgestellt werden:

I. Trendbestätigende Formationen

Trendlinien helfen dabei, den aktuellen Trend zu identifizieren, was für Daytrader entscheidend ist, um die Richtung des vorherrschenden Trends für sich zu nutzen und dementsprechend zu handeln. Sie sind eine der einfachsten, aber auch effektivsten Analysemethoden.

Was steckt markttechnisch dahinter: Solange die Nachfrage nach einem Vermögenswert im Markt überwiegt und es tendenziell mehr Käufer als Verkäufer gibt, verlaufen die Kurse in einem steigenden Trend (s. Abb. 11). Umgekehrt, wenn das Angebot und die Zahl der Verkäufer tendenziell dominieren, verlaufen die Kurse in einem Abwärtstrend (s. Abb. 12). Grafisch wird das in sogenannten Trendlinien dargestellt.

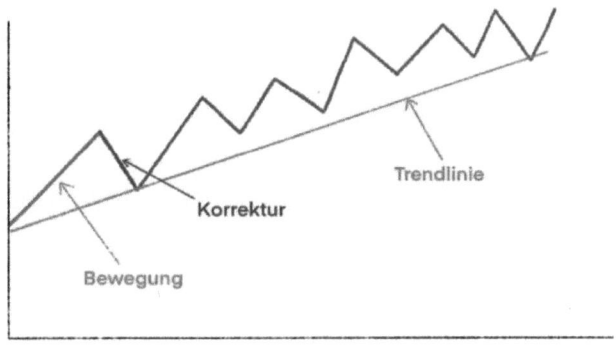

Abb. 11: Aufwärtstrend aus Bewegung (in Trendrichtung) und Gegenbewegung (Korrektur)

- *Aufwärtstrendlinie:* Eine aufsteigende Trendlinie entsteht, indem aufeinanderfolgende Tiefpunkte im Chart verbunden werden (s. Abb. 11). Sie signalisiert, dass der Markt tendenziell höhere Tiefs bildet, was den bestehenden Aufwärtstrend bestätigt.

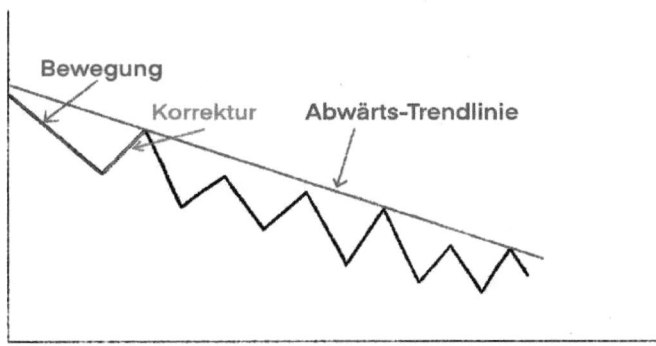

Abb. 12: Abwärtstrend aus Bewegung (in Trendrichtung) und Gegenbewegung (Korrektur)

- *Abwärtstrendlinie:* Eine absteigende Trendlinie entsteht, indem aufeinanderfolgende tiefere Hochpunkte im Chart verbunden werden (s. Abb. 12). Sie zeigt, dass der Markt tendenziell weiterhin niedrigere Hochs bildet, was den bestehenden Abwärtstrend bestätigt.

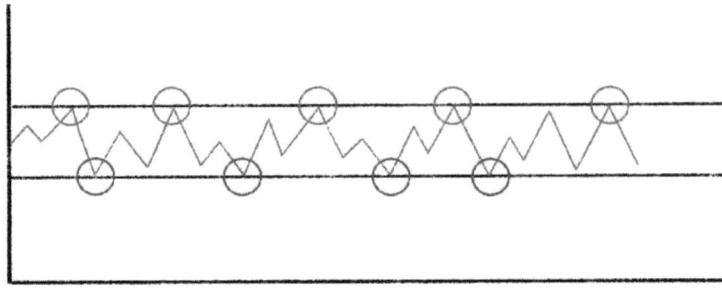

Abb. 13: Der Seitwärtstrend (Rangemarkt)

• *Seitwärts- oder horizontale Trendlinie:* Eine horizontale Trendlinie wird durch das Verbinden von Preisniveaus erstellt, die als Widerstand (s. Abb. 13, die fünf oberen Kreise) oder Unterstützung (s. Abb. 13, die vier unteren Kreise) dienen. Sie sind oft in kurzfristigen Zeitebenen zu beobachten und werden als Seitwärtstrend oder auch als „Rangemarkt" bezeichnet. Hier pendeln die Kurse eine Zeit lang markant zwischen zwei Kursniveaus.

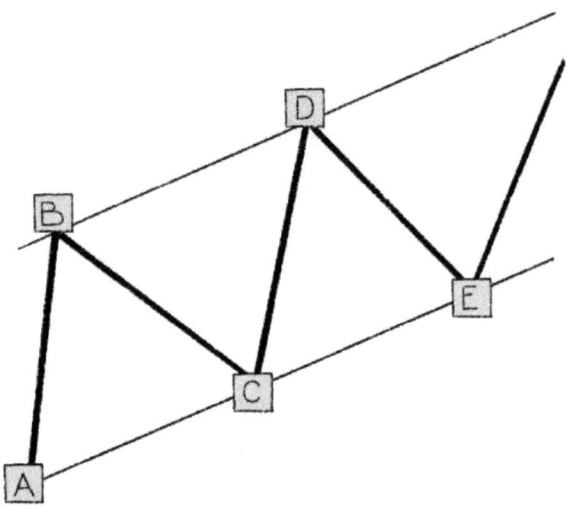

Abb. 14: Aufwärtstrendkanal

- Bei einem *Trendkanal* werden im Chart zwei herkömmliche Trendlinien miteinander kombiniert. Die untere Linie verbindet die aufeinanderfolgenden Tiefpunkte, während die obere Linie die Hochpunkte begrenzt. Der Kanal zeigt den Bereich an, in dem sich der Preis innerhalb des Aufwärts- oder Abwärtstrends bewegen kann.

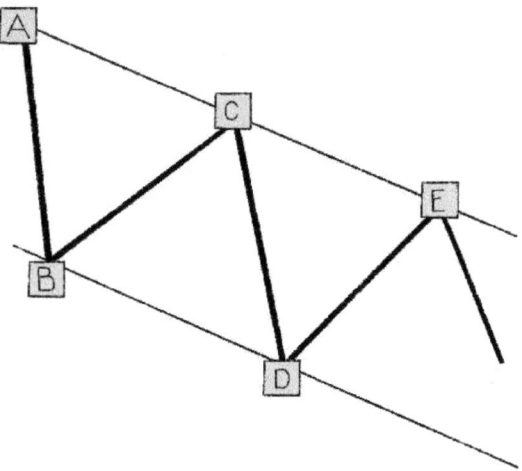

Abb. 15: Abwärtstrendkanal

- Beim *Aufwärtstrendkanal* dient die obere Trendlinie dem Trader als sichtbare (grafisch abgeleitete) Begrenzung des Potenzials für weitere erwartete Preissteigerungen (s. Abb. 14). Die untere Trendlinie dient als Hinweisgeber für mögliche Umkehrpunkte oder Unterstützungsniveaus innerhalb des Trends (s. Abb. 14, Punkte A, C und E). Entsprechend umgekehrt verhält es sich bei einem *Abwärtstrendkanal* (s. Abb. 15): Die obere Trendlinie zeigt dem Trader die möglichen Umkehrpunkte oder Widerstandsniveaus entgegen dem Trend (s. Abb. 14, Punkte A, C und E), die untere Trendlinie hingegen die zukünftigen Grenzen weiterer Preisrückgänge in Trendrichtung (s. Abb. 15).

Tipp: Es ist wichtig zu beachten, dass Trendlinien und -kanäle nicht immer perfekt verlaufen und es oft Interpretationsspielraum gibt.

Flaggen und Wimpel sind kurzfristige Muster, die oft in einem starken Trend auftreten. Es sind trendbestätigende charttechnische Muster und daher wichtige Instrumente für Trader, um Fortsetzungs- oder Trendumkehrsignale zu erkennen.

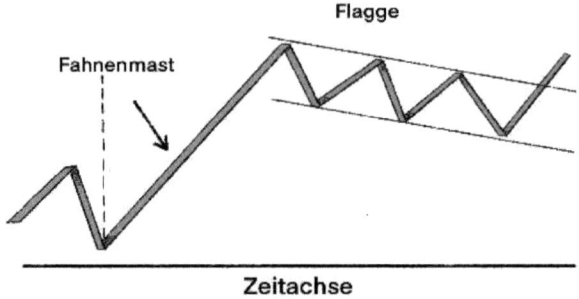

Abb. 16: Flaggen (Aufwärtstrend)

- *Flaggen* sind rechteckige Formationen und haben ein markantes Muster: Die Flagge selbst nimmt die Form eines Rechtecks ein, das in einer Fortsetzungsformation (Aufwärtstrend, s. Abb. 16) leicht abwärts geneigt ist. Im Zuge eines Abwärtstrends ist sie dagegen leicht aufwärts gerichtet. Der Fahnenmast stellt den vorherigen Anstieg oder Abstieg dar, wobei die Flagge selbst für eine kurzfristige Konsolidierung („Verschnaufpause") steht, bevor sich der Trend fortsetzt.

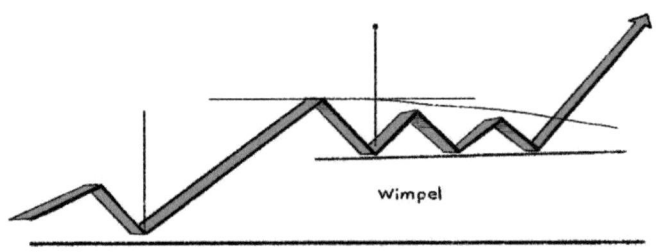

Abb. 17: Wimpel

- *Wimpel* zeigen sich als kleines, symmetrisches Dreieck (s. Abb. 17). Ebenso wie bei Flaggen gilt die Formation als eine Konsolidierung („Verschnaufpause") in einem Trend mit einer zuvor starken Bewegung. In dieser Seitwärtsphase nimmt das Handelsvolumen kurzfristig ab, um nach kurzer Zeit wieder in Trendrichtung „Fahrt aufzunehmen".

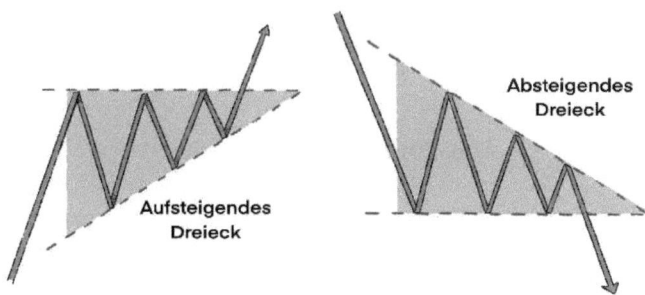

Abb. 18: Auf- und absteigende Dreiecke

- *Aufsteigende und absteigende Dreiecke:* Sie bestätigen ebenfalls einen vorherrschenden Trend. Zu beachten gilt: Diese sollten mindestens drei obere Wendepunkte an der horizontalen Widerstandslinie (aufsteigendes Dreieck) oder drei untere Wendepunkte an der horizontalen Unterstützungslinie (absteigendes Dreieck) aufweisen (s. Abb. 18). Als Daumenregel zählt hier, dass der Ausbruch in die Trendrichtung spätestens nach drei Vierteln der Bewegung vom Start bis zur Spitze des Dreiecks erfolgen sollte. Andernfalls wäre es ein Zeichen der Schwäche und ein möglicher Start in einen Seitwärtstrend.

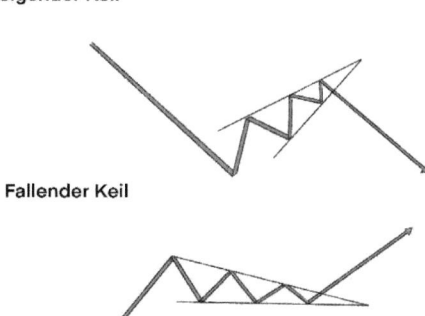

Abb. 19: Auf- und Abwärtskeile

- *Auf- und Abwärtskeile*: Diese sind Muster mit abnehmender Breite, die sich als „Steigender Keil" nach oben (im Abwärtstrend) oder als „Fallender Keil" nach unten (im Aufwärtstrend) verengen (s. Abb. 19). Sie verlaufen ähnlich einem Dreieck, sind allerdings länger und schmaler.

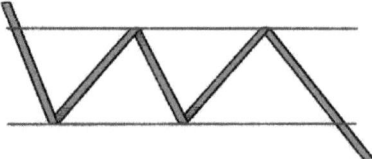

Abb. 20: Rechteckformation

- Als *Rechtecke* gelten Muster, die durch parallele Linien an den Ober- und Unterseiten ohne die für Flaggen typische Neigung gekennzeichnet sind. Somit grenzen sie eine Seitwärtsbewegung ein (s. Abb. 20). Diese horizontalen Linien werden gebildet, indem die Unterstützungs- und Widerstandspunkte (oder Niveaus) grafisch miteinander verbunden werden (Linien, Abb. 20). Sie stehen für eine Phase der Konsolidierung und deuten auf eine bevorstehende Fortsetzung des begonnenen Trends hin, wenn zuvor ein lang anhaltender Anstieg (Aufwärtstrend) oder Rückgang (Abwärtstrend) erfolgte.

II. Trendumkehrende Formationen

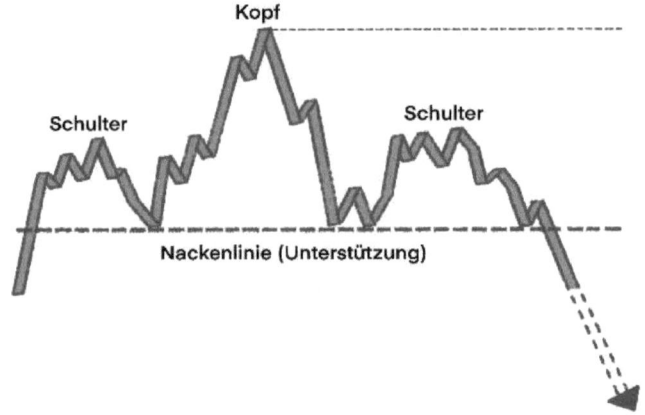

Abb. 21: Schulter-Kopf-Schulter-Formation

- *Schulter-Kopf-Schulter (Head and Shoulders):* Dieses Muster (s. Abb. 21) besteht in einem Chart oder Kursverlauf aus drei aufeinanderfolgenden Hochs. Ein höheres Hoch in der Mitte (Kopf) wird von zwei niedrigeren Hochs auf beiden Seiten flankiert (Schultern). Das Muster signalisiert oft eine bevorstehende Trendumkehr in Richtung fallende Kurse („bärisch", siehe gestrichelter Pfeil, Abb. 21). Die Bestätigung erfolgt meist mit einem Durchbruch durch die Nackenlinie, welche die beiden flankierenden Hochs miteinander verbindet.

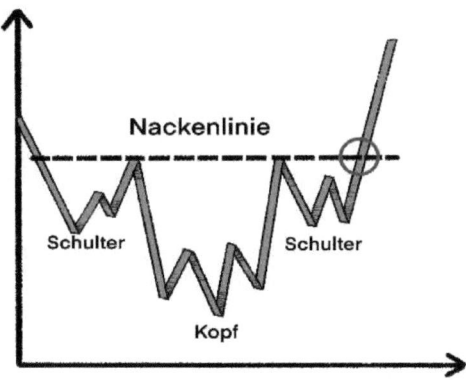

Abb. 22: Umgekehrte Schulter-Kopf-Schulter-Formation

- *Umgekehrte Schulter-Kopf-Schulter (Inverse Head and Shoulders):* Das Gegenteil des Schulter-Kopf-Schulter-Musters besteht aus drei Tiefpunkten, wobei der tiefste Punkt (Kopf) von zwei höheren Tiefpunkten auf beiden Seiten begleitet wird (s. Abb. 22). Die beide Tiefs verbindende Linie ist auch hier die Nackenlinie. Das Muster deutet auf eine mögliche Umkehrung oder Beendigung eines Abwärtstrends hin und ist nach Durchbrechen der Linie nach oben als Signal (siehe Kreis in Abb. 22) für zukünftig steigende Kurse („bullisch") zu werten. Allerdings: Erst der klare Ausbruch aus der Nackenlinie bestätigt einen Trendwechsel.

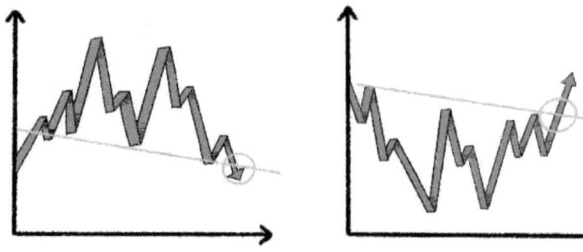

Abb. 23: Doppelte Top- oder Boden-Formation

- *Doppelte Top- (M-) und Doppelte Boden- (W) Formation:* Das *Doppelte Top* ist ein Muster mit zwei Hochpunkten in nahezu gleichen Kursbereichen, während der Doppelte Boden zwei fast identische Tiefpunkte aufweist. Dazwischen liegt ein Tief bzw. ein Hoch, das zugleich als eine Unterstützungs- (Doppeltes Top, Abb. 23, Linie links) oder Widerstandslinie (Doppelter Boden, Abb. 23, Linie rechts) betrachtet werden kann. Denn hat sich das Doppelte Top oder der Doppelte Boden bei steigendem Handelsvolumen herausgebildet und wird die Unterstützungs- bzw. Widerstandslinie klar durchbrochen, könnte das ein Hinweis auf die kommende Trendwende (s. Kreise, Abb. 23) sein.

- *V-Formation,* auch als „*V-Boden-Formation*" oder „*V-Top-Formation*" bekannt, ist ein häufig nach steilen Trendverläufen auftretendes Chartmuster. Es deutet auf eine schnelle und dramatische Umkehr des Kursverlaufs hin. In seinem Erscheinungsbild ähnelt es sehr stark dem Buchstaben „V" und kann sowohl am Ende eines Abwärtstrends (V-Boden) als auch zum Schluss eines Aufwärtstrends (V-Top) auftreten. Es ist eine sehr kurzfristig verlaufende Formation, die oftmals nur innerhalb eines einzigen Tages „rasant" eintreten kann und schnelles Handeln erfordert.

Der *V-Boden* (s. Abb. 24, links) tritt auf, wenn der Kurs nach einem langen Abwärtstrend plötzlich stark nach unten fällt, aber dann ebenso schnell wieder nach oben steigt und eine v-förmige Umkehr bildet. Es signalisiert eine schnelle Erholung und zeigt an, dass die Käufer zügig und „entschlossen" die Kontrolle übernehmen konnten, um die Preise nach oben zu treiben. Der vorherige Abwärtstrend scheint damit erschöpft zu sein.

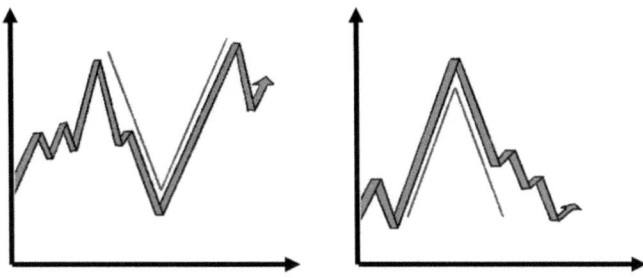

Abb. 24: V-Formation

Ein *V-Top* (s. Abb. 24, rechts) tritt auf, wenn der Kurs nach einem starken Aufwärtstrend plötzlich stark nach oben steigt, aber dann genauso schnell wieder nach unten fällt und eine v-förmige Umkehr bildet. Es deutet darauf hin, dass der vorherige Aufwärtstrend erschöpft ist und die Verkäufer vermehrt wieder bereit sind, in den Markt einzusteigen.

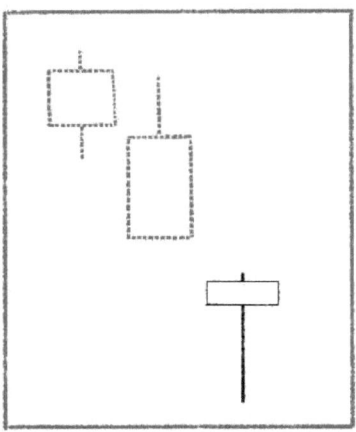

Abb. 25: Die Hammerkerze

- *Hammer und Hanging Man:* Der Hammer und der Hanging Man sind Kerzen (Candlestick)-Muster in der Charttechnik, die auf *Trendumkehrungen* hindeuten können.

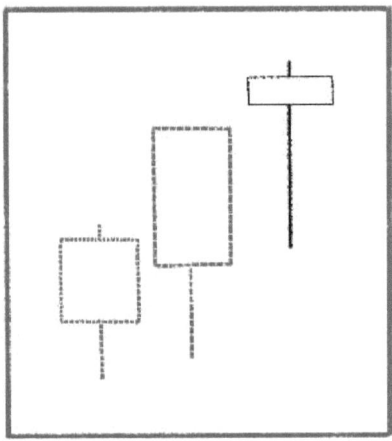

Abb. 26: Das Hanging-Man-Kerzenmuster

- Der *Hammer* ist ein umgekehrtes Tageskerzenmuster, das am Ende eines Abwärtstrends auftritt (s. Abb. 25, unterste Kerze). Der Hammer besteht aus einem kleinen Körper am oberen Ende der Handelsspanne, wobei die Farbe des Körpers nicht relevant ist. Typisch für ihn ist der lange Schatten (Lunte) nach unten sowie der nicht existierende oder sehr kleine Docht nach oben. Er zeigt mit seinem langen unteren Schatten, dass die Verkäufer während der Handelszeit den Preis erheblich gedrückt hatten, aber es den Käufern am Ende der Handelsperiode dennoch gelang, ihn wieder nach oben zu drücken. Er ist ein Anzeichen dafür, dass der Verkaufsdruck nachlässt und eine mögliche Trendumkehr bevorsteht.

- Der *Hanging Man* sieht dem Hammer sehr ähnlich. Er tritt im Unterschied zu diesem am Ende eines Aufwärtstrends auf (s. Abb. 26, oberste Kerze). Auch er besteht aus einem kleinen Körper am oberen Ende der Handelsspanne und einem langen Schatten (Docht) nach unten (s. Abb. 26). Er signalisiert eine mögliche Trendumkehr in Richtung fallende Preise. Denn obwohl die Kurse während der

Handelsperiode gestiegen sind, hatten die Verkäufer im Markt genügend Macht, um die Preise erheblich nach unten zu drücken. Dies könnte auf einen möglichen Trendwechsel hindeuten.

- *Morning Star und Evening Star:* Diese Muster bestehen aus drei aufeinanderfolgenden Kerzen. Die erste ist eine lange Kerze in bestehender Trendrichtung, also weiß bei steigenden Kursen und schwarz bei fallenden. Die zweite ist eine kleine Kerze, die mit einer Kurslücke (wenn der Eröffnungskurs der zweiten Kerze außerhalb des Preisbereichs der ersten Kerze liegt) startet. Die abschließende dritte Kerze der Formation fällt wieder lang aus und bewegt sich gegen den bisherigen Trend.

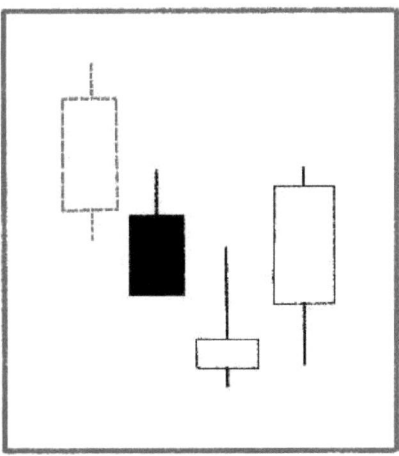

Abb. 27: Das Morning-Star-Umkehrmuster

- Der *Morning Star* ist ein Umkehrmuster am Ende eines Abwärtstrends (s. Abb. 27). Die erste Kerze ist eine lange schwarze Kerze im Sinne des bestehenden Abwärtstrends. Die folgende Kerze fällt klein aus, was eine gewisse Unsicherheit im Markt signalisiert. Dabei spielt die Farbe des Kerzenkörpers keine Rolle. Die dritte Kerze (weiß) fällt wieder lang aus: ein Ausrufezeichen der Käufer gegen den Abwärtstrend und in Richtung Umkehr bei nachlassendem Verkaufsdruck. Diese Kerze schließt idealerweise über der Mitte der ersten ab.

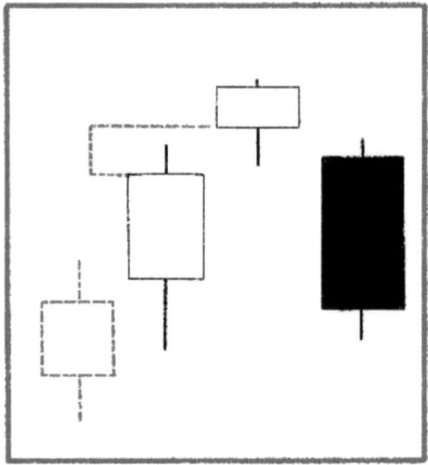

Abb. 28: Das Evening-Star-Umkehrmuster

- Der *Evening Star* ist das Gegenstück zum Morning Star und tritt am Ende eines Aufwärtstrends auf (s. Abb. 28). Die erste Kerze fällt auch hier lang und trendbestätigend (weiß) aus, gefolgt von einer kleinen Kerze oberhalb des vorhergehenden Kerzenkörpers (oft mit Kurslücke, s. Abb. 28, gestrichelte Linie). Die abschließende dritte Kerze läuft gegen den Trend, ist lang und schwarz und signalisiert, dass die Verkäufer die Kontrolle übernehmen werden.

Achtung: Die Bestätigung dieser Muster erfordert oft das Beobachten von Handelsvolumen und Preisbewegungen, einschließlich der Marktbedingungen, des Zeitrahmens und anderer Indikatoren. Der trendbestätigende Ausbruch in die eine oder andere Richtung sollte immer erst abgewartet werden, bevor eine Order erfolgt.

Tipp: Im Daytrading empfiehlt es sich immer, Chartmuster nicht isoliert zu betrachten, sondern andere Indikatoren und Analysemethoden zusätzlich zur Absicherung der eigenen Handelsentscheidungen zu verwenden.

Indikatoren und ihre Anwendung

Im Börsenhandel sind Indikatoren Werkzeuge oder mathematische Berechnungen, die verwendet werden, um Handelsentscheidungen zu treffen oder Marktbewegungen zu analysieren. Indikatoren können sowohl auf Preisdaten als auch auf Handelsvolumen basieren. Sie dienen dazu, Muster zu identifizieren, die auf zukünftige Kursbewegungen hinweisen könnten. Indikatoren werden oft in Verbindung mit der Chartanalyse verwendet und können eine Trendbestätigung, Überkauft- oder Überverkauft-Zustände sowie andere Aspekte signalisieren. Hier sind einige der häufigsten Arten von Indikatoren im Börsenhandel:

Trendindikatoren:

Gleitende Durchschnitte als Trendindikatoren helfen dabei, den vorherrschenden Trend deutlicher zu erkennen und dabei störende kurzfristige Schwankungen zu glätten. Sie zeigen ihre Stärke in Trendphasen, funktionieren jedoch in Seitwärtsphasen weniger gut.

Abb. 29: Einfacher gleitender Durchschnitt

- Der am meisten gebrauchte ist der *einfache gleitende Durchschnitt (abgekürzt SMA, für Simple moving averages)*. Er zeigt die durchschnittliche Kursentwicklung über einen bestimmten Zeitraum (als geglättete Durchschnittslinie über oder unter dem „gezackten" und stark schwankenden Kursverlauf, s. Abb. 29). Berechnet wird er, indem man alle Schlusskurse im gewählten Zeitraum (zum Beispiel 10, 50 oder 200 Tage) summiert und durch die Anzahl der Schlusskurse teilt. Ein häufig verwendetes Beispiel ist der 50-Tage-SMA oder der 200-Tage-SMA, die den Durchschnitt der letzten 50 bzw. 200

Schlusskurse darstellt. Ein steigender SMA deutet auf einen Aufwärtstrend hin, während ein fallender SMA einen Abwärtstrend signalisiert.

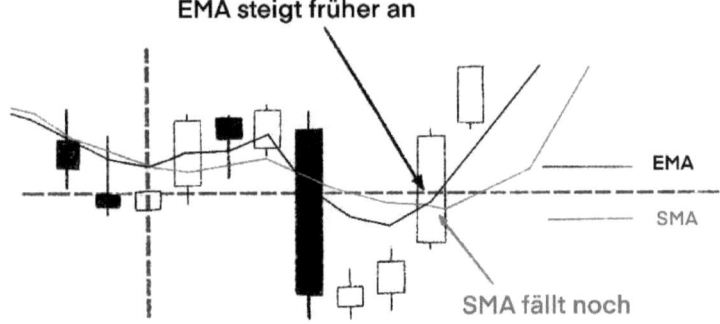

Abb. 30: EMA im Vergleich zu SMA

- Der *exponentielle gleitende Durchschnitt (EMA)* ähnelt dem SMA, jedoch gewichtet er neuere Daten stärker als ältere. Dadurch verläuft er sichtbar glatter als der SMA und reagiert schneller auf jüngste Preisänderungen. So zeigt die Abb. 30, wie der SMA noch fällt, während der EMA schon ansteigt und den Trendwechsel früher anzeigt. Häufig werden die Zeiträume von 9 und 26 Tagen als 9-Tage-EMA und 26-Tage-EMA verwendet. Ein Anstieg des EMA bedeutet steigende Preise, ein fallender EMA deutet auf sinkende Preise hin. Überkreuzen sich die verschiedenen gleitenden Durchschnitte im gemeinsamen Chart („Crossover"), kann dies ein wichtiges Handelssignal sein.

- *Praktisches Beispiel (s. Abb. 31)*: Wenn ein schnellerer Durchschnitt (18-Tage) den langsameren (54-Tage) von unten nach oben schneidet und überquert, liegt oft ein guter Einstiegspunkt vor (s. Abb. 31, rechts, großer Kreis). Kreuzt und unterquert ein schnellerer Durchschnitt (18-Tage) den langsameren (54-Tage) von oben nach unten, legt dies einen Ausstieg nahe (s. Abb. 31, links, großer Kreis).

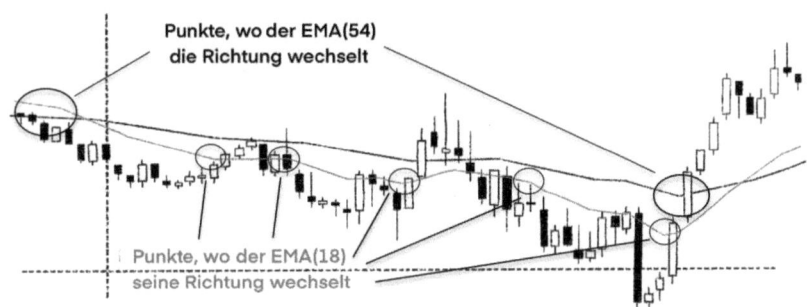

Abb. 31: Kreuzungen („Crossover") langsamer und schnellerer EMAs

- Der *MACD (Moving Average Convergence Divergence)* ist ein beliebter technischer Trendfolgeindikator in der Charttechnik, der die Differenz zwischen zwei gleitenden Durchschnitten misst. Er liefert Signale für mögliche Trendumkehrungen. Ohne auf komplizierte und umfangreiche Berechnungsdetails einzugehen, hier ein praktisches Beispiel im Daytrading: Wenn die Linie des MACD-Indikators (Abb. 32) die Signal-Linie (Abb. 32, entspricht dem exponentiell gleitenden Durchschnitt der letzten 9 Tage) von unten nach oben kreuzt („Crossover") und überschreitet, gilt das als ein Kaufsignal (nach oben zeigende Pfeile, Abb. 32). Verläuft die Bewegung der MACD-Linie dagegen von oben nach unten und kreuzt sowie überschreitet die Signal-Linie, wird das als Verkaufssignal verstanden (nach unten zeigende Pfeile, Abb. 32).

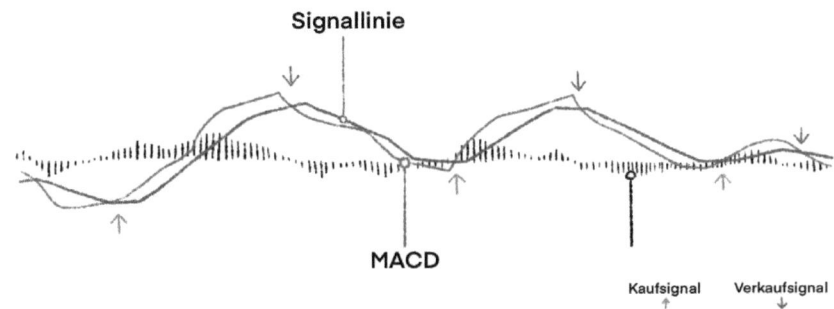

Abb. 32: Kauf- und Verkaufssignale MACD

Oszillatoren:

Oszillatoren messen die Schwankungen eines Finanzinstruments innerhalb eines bestimmten Zeitraums. Sie sind eine gute Ergänzung zu den technischen Trend-indikatoren. Sie geben Tradern Hinweise, ob ein Finanzinstrument „überkauft" oder „überverkauft" ist, und helfen dadurch in Kombination mit Trendindika-toren, mögliche Einstiegs- und Ausstiegspunkte im Handel zu erkennen.

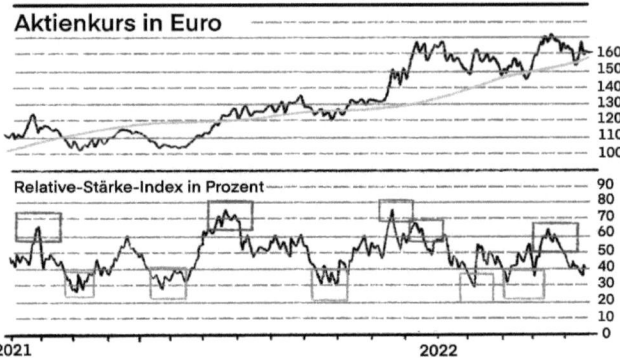

Abb. 33: RSI (Relative Strength Index)

- *RSI (Relative Strength Index):* Er ist einer der wichtigsten Oszillatoren, der die relative Stärke der Kursbewegung sowie die Geschwindigkeit eines Kursanstiegs oder -abfalls misst. Praktisches Beispiel: Ein RSI über 70 deutet auf einen „Überkauft"-Zustand hin (s. Abb. 33, obere Rechtecke), was möglicherweise eine bevorstehende Trendumkehr einleitet. Liegt der RSI unter 30 (s. Abb. 33, untere Rechtecke), zeigt er einen „Überverkauft"-Zustand an. Dann könnte eine Kurserholung bevorstehen. Die Werte „70" und „30" gelten als typische Grenzen im oberen bzw. unteren Bereich auf einer Skala von 0 bis 100.

- *Stochastischer Oszillator:* Dieser Indikator vergleicht den aktuellen Schlusskurs mit dem Preisspektrum über einen bestimmten Zeit-raum. Dabei misst er, wie nah der aktuelle Schlusskurs an der höchs-ten oder niedrigsten Preisspanne liegt. Auch dadurch lassen sich gut „Überkauft"- oder „Überverkauft"-Zustände erkennen. Klassisches Beispiel: Ein Wert über 80 deutet auf „Überkauft"-Bedingungen hin

(s. Abb. 34, obere vier Quadrate), während ein Wert unter 20 „Über-verkauft"-Zustände signalisiert (s. Abb. 34 unteren drei Quadrate). Die Werte „80" und „20" gelten als typische Grenzen nach oben bzw. unten auf einer Skala von 0 bis 100. Zudem ergeben sich in der Handelspraxis folgende Signale, wenn die Indikatorlinie (% K, s. Abb. 34) die Signallinie (% D, s. Abb. 34) schneidet („Crossover"): Kreuzt und überschreitet sie im überverkauften Bereich die Signallinie nach oben, gilt es als Kaufsignal. Eine Überschreitung nach unten im überkauften Bereich markiert ein Verkaufssignal.

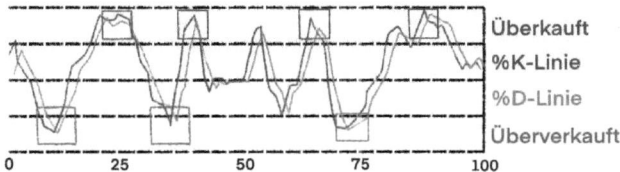

Abb. 34: Stochastischer Oszillator

Volumenindikatoren:

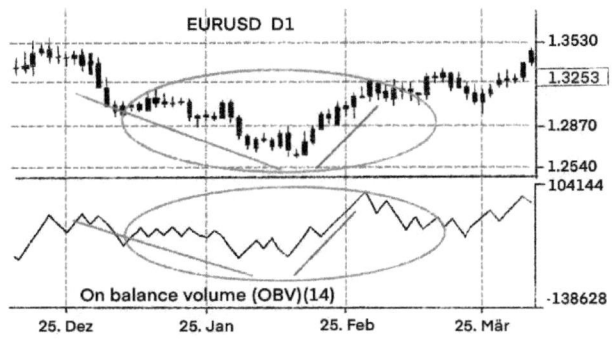

Abb. 35: On-Balance Volume

- Das *On-Balance Volume (OBV)* ist ein technischer Indikator, der versucht, das Volumen von Handelsaktivitäten in Bezug auf Preisveränderungen zu messen. Er summiert das Volumen auf, wenn der Schlusskurs höher ist als der vorherige Schlusskurs, und subtrahiert es, wenn der Schlusskurs niedriger liegt. Im Daytrading bedeutet das praktisch: Preisbewegungen werden bestätigt, wenn das OBV mit steigenden Preisen ansteigt (Aufwärtstrend, s. Abb. 35, Linien rechts, oben Kurse EURUSD, unten OBV). Sinkt er mit fallenden Preisen, unterstreicht das einen Abwärtstrend (s. Abb. 35, Linien links). Die Logik oder Theorie dahinter: In einem Markt mit intaktem Trend steigt auch das Handelsvolumen. Eine Kursbewegung gegen den Trend geht mit abnehmendem Volumen einher.

Volatilitätsindikatoren:

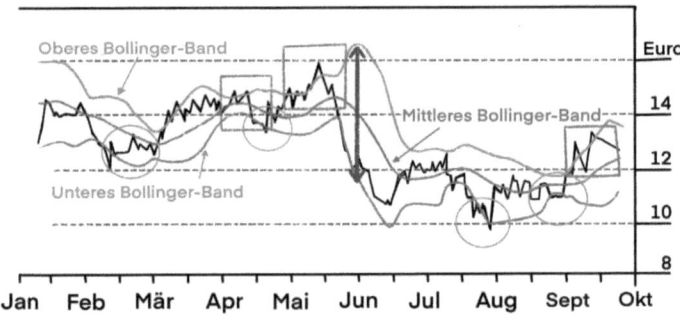

Abb. 36: Bollinger Bänder

- *Bollinger Bänder:* Diese Indikatoren bestehen aus drei Linien (s. Abb. 36), die den Kursverlauf eines Finanzinstruments umgeben. Das Mittelband (SMA) ist der gleitende Durchschnitt des Kurses über einen bestimmten Zeitraum (typischerweise 20 Tage) und ist Grundlage für die Berechnung der oberen (obere Grenze, obere Linie, s. Abb. 36) und unteren Bollinger-Bandlinie (untere Grenze, untere Linie, s. Abb. 36). Sie helfen, die Schwankungsanfälligkeit (Volatilität) und mögliche Überkauft- oder Überverkauft-Zustände zu erkennen. Die Breite der Bollinger-Bänder gibt einen Hinweis auf die Schwankungsanfälligkeit und „Nervosität" eines Marktes. Enge Bänder deuten auf geringe Volatilität und „ruhige" Marktver-hältnisse hin. Überkauft- oder Überverkauft-Zustände: Wenn der Kurs (schwarze Kurslinie, s. Abb. 36) die obere Bollinger-Bandlinie erreicht oder durchbricht (Rechtecke, s. Abb. 36), könnte dies auf einen überkauften Zustand und eine mögliche Korrektur hinweisen. Umgekehrt zeigt das Erreichen oder Unterschreiten der unteren Bollinger-Bandlinie (Kreise, s. Abb. 36) einen möglichen überverkauften Zustand an, dem eine Kurserholung folgt.

Sentimentindikatoren:

- *Put-Call-Verhältnis:* Ein Verhältnis, das den Kauf von Put-Optionen (Verkaufserwartung) zu Call-Optionen (Kauferwartung) misst. Es wird oft als Stimmungsindikator verwendet. Anwendung und Aussage:
  - Put-Call-Verhältnis > 1 = es wurden mehr Put-Optionen gekauft. Bedeutet: Je größer der Wert ist, desto mehr rechnen die Marktteilnehmer mit fallenden bis stark fallenden Kursen.
  - Put-Call-Verhältnis < 1 = es wurden mehr Call-Optionen gekauft. Bedeutet: Je kleiner der Wert ist, desto optimistischer sind die Händler und es ist wieder mit steigenden Kursen zu rechnen.

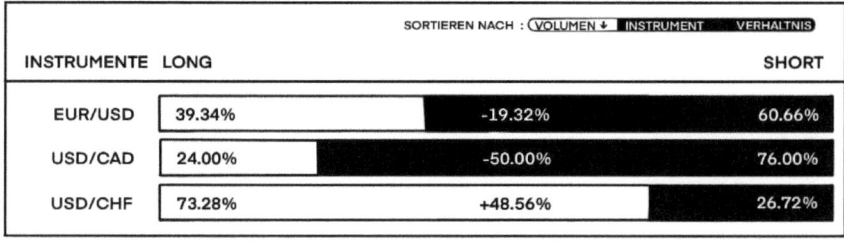

- *Verhältnis von Long- zu Short-Positionen:* Es stellt das Verhältnis zwischen Long- (Anleger wetten auf steigende Preise) und Short-Positionen (Anleger setzen auf fallende Preise) in einem Markt dar (s. Abb. 37) und kann auf mögliche Wendepunkte hinweisen. Je höher dieses zugunsten der „Long"-Seite ausfällt, desto positiver und kaufwilliger (bullischer) sind die Händler im Markt (dritte Zeile „USD/CHF", d. h. US-Dollar zu Schweizer Franken, 73,28 % Long, s. Abb. 37). Umgekehrt kann von einer zunehmend pessimistischen (bärischen) Marktstimmung ausgegangen werden (zweite Zeile „USD/CAD", d. h. US-Dollar zu kanadischem Dollar, 76 % Short, s. Abb.

37). Je extremer das Verhältnis in die eine oder andere Richtung tendiert, desto wahrscheinlicher ist eine Marktumkehrung.

Hinweise zur Anwendung: Diese Indikatoren sind erprobte und meistbenutzte Werkzeuge, die Händlern und Investoren helfen, Muster zu erkennen und dadurch Handelsentscheidungen zu treffen. Es ist wichtig zu beachten, dass kein einzelner Indikator immer korrekte Signale liefert und die Effektivität von Indikatoren von den jeweiligen Marktbedingungen bestimmt wird. Ein Indikator, der in einem Trendmarkt gut funktioniert, könnte in einem seitwärts gerichteten Markt weniger effektiv sein. Es versteht sich von selbst, dass eine Auswahl der Indikatoren ebenso von den Zielen des Daytraders, den gehandelten Vermögenswerten und dem eigenen individuellen Handelsansatz abhängt. Daher verwenden viele Händler oft individuelle Kombinationen von Indikatoren und greifen zu anderen Analysemethoden, um robuste Entscheidungen treffen zu können. Wählen Sie also diejenigen Indikatoren aus, die am besten zu Ihrer Handelsstrategie passen. Das bedeutet auch: Wenn sich bestimmte Indikatoren oder Strategien nicht als erfolgreich erweisen, sollten Sie sie anpassen oder nach alternativen Ansätzen suchen.

Je nach Handelsplattform können Sie die ausgewählten Indikatoren zu Ihren Preisdiagrammen (Charts) hinzufügen. Die meisten Handelsplattformen bieten leicht nutzbare Tools zur Anpassung und „Aufschaltung" von Indikatoren an.

Fundamentale Analyse

Die Fundamentalanalyse ist eine Methode im Börsenhandel, bei der versucht wird, den wahren Wert einer Aktie oder eines Finanzinstruments anhand fundamentaler Daten und Faktoren zu bestimmen. Sie beziehen sich insbesondere auf die finanzielle Gesundheit und die Leistungsfähigkeit eines Unternehmens, aber auch auf die bestimmenden Faktoren für das aktuelle sowie zukünftige Kursniveau von Handelsobjekten (Währungen, Rohstoffe, Indizes usw.). Die Fundamentalanalyse basiert auf der Annahme, dass der Marktpreis eines Vermögenswerts langfristig dazu neigt, dem zugrunde liegenden fundamentalen Wert zu entsprechen. Sprich: Es wird bestimmt, ob ein Vermögenswert überbewertet oder unterbewertet ist. Sollte der fundamentale Wert höher sein als der aktuelle Marktpreis, könnte dies auf zukünftig steigende Kurse und damit eine Kaufgelegenheit hinweisen. Dagegen wäre eine Überbewertung eine potenzielle Kursbelastung und möglicher Anlass, den Vermögenswert eher zu verkaufen.

Hinweis: Es ist wichtig zu beachten, dass die Fundamentalanalyse vor allem für langfristige Anleger relevant ist. Trader, die sich auf kurzfristige Kursbewegungen konzentrieren, neigen eher zur technischen Analyse.

Finanzdaten und Termine

Finanzdaten und Termine spielen eine ebenso wichtige Rolle im Börsenhandel. Sie liefern Informationen unter anderem über die finanzielle Gesundheit von Unternehmen, Staaten und zu volkswirtschaftlichen Entwicklungen, die die Märkte zum Teil stark beeinflussen können. Hier sind Finanzdaten und Termine, die die Märkte am meisten bewegen:

- *Quartals- und Jahresberichte:* Unternehmen veröffentlichen regelmäßig Quartals- und Jahresberichte, die detaillierte Informationen über ihre finanzielle Leistung, Gewinne, Umsätze, Schulden und andere relevante Kennzahlen enthalten. Diese Berichte sind für Investoren entscheidend, um die finanzielle Gesundheit eines Unternehmens zu bewerten. In der Regel werden vorab Experten-Schätzungen und die Vorjahres- sowie Vorquartalszahlen veröffentlicht. Überraschende, deutliche Abweichungen der tatsächlichen Zahlen zum Beispiel im Bereich Gewinn, Verlust und Umsatz oder nicht erwartete Prognosen liefern immer wieder Anlass für erhebliche Kursschwankungen. Ebenso achtet der Markt auf Aussagen zu (zukünftigen) Dividendenzahlungen, Gewinnwarnungen, Fusionen und Übernahmen, Produkterfolgen oder -misserfolgen sowie Veränderungen in der Unternehmensführung. Enttäuschungen können hier zu deutlichen, prozentual zweistelligen Kursverlusten führen, während positive Überraschungen tagesaktuell entsprechende Kurssteigerungen auslösen können.

- *Wirtschaftsdaten / Wirtschaftsindikatoren:* Diese Daten werden regelmäßig täglich, wöchentlich oder monatlich veröffentlicht und bieten Einblicke in die wirtschaftliche Gesundheit eines Landes und seiner Volkswirtschaft. Es gibt eine Vielzahl von Wirtschaftsdaten und Wirtschaftsindikatoren, die im Börsenhandel als wichtig oder relevant gelten, da sie erheblichen Einfluss auf Kursbewegungen haben können. Hier sind einige der Schlüsselindikatoren:

- *Bruttoinlandsprodukt (BIP)*: Das BIP ist eine umfassende Kennzahl für die wirtschaftliche Gesundheit eines Landes. Ein starkes BIP-Wachstum kann auf eine gesunde Wirtschaft hinweisen und zu positiven Reaktionen an den Märkten führen.

- *Arbeitsmarktberichte*: Daten wie die Beschäftigungs- und Arbeitslosenquote geben Einblicke in die Stärke des Arbeitsmarktes. Ein positiver Arbeitsmarkt kann auf eine wachsende Wirtschaft hinweisen, während eine hohe Arbeitslosigkeit wirtschaftliche Probleme anzeigt. Daten wie die Arbeitslosenquote und die Zahl der neu geschaffenen Arbeitsplätze können erheblichen Einfluss auf die Märkte haben. Positive Arbeitsmarktberichte können Optimismus schüren, während negative Berichte Bedenken hervorrufen.

- *Inflationsdaten*: Die Inflationsrate misst die Veränderung der Preise für Waren und Dienstleistungen. Eine moderate Inflation wird oft als positiv angesehen, während hohe Inflationsraten Bedenken hervorrufen. Zentralbanken können Zinssätze anpassen, um die Inflation zu kontrollieren, was wiederum die Märkte bewegt.

- *Zinsentscheidungen:* Die Geldpolitik, die von Zentralbanken gesteuert wird, hat erhebliche Auswirkungen auf die Finanzmärkte. Zentralbanken geben regelmäßig Entscheidungen zu Zinsraten bekannt. Diese Entscheidungen beeinflussen zum Teil erheblich die Märkte, da sie sich auf Zinssätze für Kredite auswirken und somit die Kosten des Kapitals für Unternehmen und Verbraucher verändern. Entscheidungen zu Zinssätzen, aber auch eine Tendenz zu einer lockeren oder strafferen Geldpolitik werden von Anlegern genau verfolgt, denn sie können starken Einfluss auf die Renditen von Anleihen, Währungskursen und letztendlich auch auf Aktien haben. Die Bekanntgabe von Zinsentscheidungen durch Zentralbanken, wie der Federal Reserve in den USA oder der Europäischen Zentralbank (EZB), können bei Überraschungen (Abweichung von Vorabschätzungen) zu erheblichen Kursschwankungen insbesondere bei Aktien, Anleihen und Währungen führen.

- *Verbrauchervertrauen und Unternehmensstimmungsindizes:* Der Verbraucher spielt – insbesondere in den beiden weltgrößten Volkswirtschaften USA und China – eine entscheidende Rolle. Indikatoren wie das Verbrauchervertrauen können Aufschluss darüber geben, wie die Menschen ihre wirtschaftliche Zukunft sehen. Eine positive Verbraucherstimmung kann auf eine höhere Konsumbereitschaft hindeuten. Diese Indizes zeigen auch die wirtschaftlichen Aussichten bei den Verbrauchern sowie den Unternehmen.

- *Einkaufsmanagerindizes (PMI):* PMI-Daten bieten Einblicke in die Aktivitäten von Einkaufsmanagern in der Industrie. Ein Anstieg des PMI kann auf eine steigende wirtschaftliche Aktivität hinweisen.

- *Verbraucherpreisindex (CPI) und Produzentenpreisindex (PPI):* Diese Indizes messen die Preisentwicklung auf Verbraucher- und Produzentenebene. Sie sind wichtige Inflationsindikatoren und beeinflussen die Geldpolitik.

• *Globale geopolitische Ereignisse:* Ereignisse wie Handelskriege, politische Unsicherheiten oder Naturkatastrophen können plötzliche Kursturbulenzen in den Märkten auslösen.

Praxis-Tipp: Für Händler und Investoren ist es entscheidend, diese Finanzdaten und Termine zu verfolgen, da sie kurz vor, während und nach Bekanntgabe der Daten bzw. Zahlen teils zu erheblichen Kursschwankungen an den Märkten (Aktien, Währungen, Rohstoffe usw.) führen können. Oft ist bereits Minuten oder Stunden vor der Bekanntgabe eine gewisse „Nervosität" mit erheblichen Preisbewegungen zu erkennen. Ohne die Richtung der teils erheblichen Ausschläge bei Bekanntgabe der Finanzdaten zu kennen, erweist sich oft der Handel mit der darauffolgenden Gegenbewegung in relativ kurzer Zeit als eine sehr profitable Strategie. Sie sollte allerdings abgesichert und mit vertretbarem Mitteleinsatz erfolgen. Viele Anleger nutzen daher neben den Nachrichten ihrer Online-Broker auch Wirtschafts- und Termin-Kalender, die diese Ereignisse sowie ihre marktbewegende Relevanz anzeigen. So können sie ihre Handelsstrategien zeitnah planen und sich auf mögliche heftige Kursbewegungen vorbereiten. Eine genaue Kenntnis von Finanzterminen und -daten erlaubt es Investoren ebenso, mögliche Handelsrichtungen sowie Risiko-Potenziale besser abzuschätzen und zum eigenen Vorteil zu nutzen.

Eine Auswahl von Handelskalendern (kostenlos, tagesaktuell, in Echtzeit):

- https://www.stockstreet.de/boersen-tools/wirtschaftskalender
- https://www.finanzen.net/termine/wirtschaftsdaten/
- https://de.investing.com/economic-calendar/

3.
Auswahl: Handelsplattform, Handelsinstrumente und Werkzeuge

Die Auswahl der richtigen Handelsplattform, der passenden und chancenreichsten Handelsinstrumente sowie von praxistauglichen Werkzeugen ist entscheidend für den Erfolg von Daytradern. Dabei ist wichtig, dass Daytrader ihre eigenen Anforderungen und Handelsstrategien bestmöglich verwirklichen können. Einige Trader bevorzugen beispielsweise spezialisierte Plattformen für den Handel mit bestimmten Instrumenten. Daneben gibt es noch zahlreiche andere Aspekte und Kriterien, die bei der Auswahl eine wichtige Rolle spielen.

Kriterien für die Plattform-Auswahl und den Broker

Die Handelsplattform für Daytrader, ob online über den PC oder Laptop oder mobil via Smartphone-App, ist das zentrale Werkzeug, um täglich auf den Finanzmärkten zu handeln. Die Auswahl einer geeigneten Handelsplattform kann daher erheblich den Handelserfolg sowie die Effizienz im Daytrading beeinflussen. Hier sind einige Schlüsselfaktoren für die passende Auswahl einer Handelsplattform für Einsteiger im Daytrading:

- *Kosten und Gebühren:* Achten Sie auf Transaktionskosten, An- und Verkaufsspannen (Geld-Brief-Differenzen) sowie zusätzliche Gebühren zum Beispiel für bestimmte Handelsplätze, sekundengenaue Marktdaten, für das Halten von CFDs über Nacht, die Umwandlung in andere

Währungen, für Inaktivität und Auszahlungen oder auch für einen erweiterten Handelssoftware- und Plattformservice. Stellen Sie sicher, dass die Gebühren mit Ihren Preisvorstellungen, Ihrem Budget und Ihrer jeweiligen Handelsstrategie vereinbar sind. Und: Niedrige Handelskosten können sich wesentlich positiv auf die Rentabilität auswirken.

- *Zuverlässigkeit, Stabilität und Sicherheit:* Die Handelsplattform sollte stabil und zuverlässig funktionieren. Ausfälle oder Verzögerungen während des Handels können teuer werden. Da sensible Finanzinformationen und Handelsdaten auf der Plattform ausgetauscht werden, ist die Sicherheit ein kritischer Aspekt. SSL-Verschlüsselung und andere Sicherheitsmaßnahmen sollten inklusiv sein.

- *Benutzerfreundlichkeit:* Eine intuitive und benutzerfreundliche Oberfläche ist entscheidend. Daytrader müssen schnell auf Marktdaten, Charts und Orderausführungen zugreifen und reagieren können. Eine klare Anordnung der Funktionen und Anwendungen mit wenig Klicks erleichtert das. Optimal ist wenig Komplexität und eine durchdachte Benutzerführung.

- *Schnelligkeit der Ausführung:* Die Plattform sollte Echtzeitdaten aus den Märkten bereitstellen und schnelle Orderausführungen ermöglichen. In volatilen Märkten ist die Aktualität von Informationen und die Geschwindigkeit der Ausführung entscheidend. Eine schnelle und effiziente Ausführung von Trades stellt sicher, dass die Aufträge zum gewünschten Preis zeitnah ausgeführt werden können.

- *Analysetools:* Um fundierte Handelsentscheidungen zu treffen, benötigen Daytrader fortschrittliche Charting-Tools, technische Indikatoren, Trendlinien und andere Analysemöglichkeiten. Integrierte Analysetools und Nachrichtenfeeds sind wichtige Hilfen für eine gründliche Marktanalyse. Eine leistungsfähige Funktionalität sollte hier geboten werden.

- *Orderarten:* Die Plattform sollte gängige Orderarten unterstützen, einschließlich Market-Orders, Limit-Orders und Stop-Orders (Stop-Loss und Trailing-Stops). Dies ermöglicht es Daytradern, ihre Handelsstrategien und ihr Risikomanagement präzise umzusetzen.

- *Handelsinstrumente und deren Vielfalt:* Die Plattform sollte eine breite Palette von handelbaren Instrumenten wie Aktien, Devisen, Futures und Optionen anbieten, die zu den Präferenzen und Strategien des Traders passen.

- *Anpassungsmöglichkeiten:* Die Fähigkeit, die Plattform an individuelle Bedürfnisse anzupassen, ist wichtig. Dies beinhaltet auch die Anordnung von Fenstern, die Auswahl bevorzugter Handelsinstrumente und das Hinzufügen von benutzerdefinierten Indikatoren.

- *Handelssimulatoren / Demokonten:* Für Anfänger und erfahrene Trader gleichermaßen hilfreich sind Handelssimulatoren (Paper-Trading). Sie ermöglichen es, Handelsstrategien und neue Märkte in einer risikofreien Umgebung zu üben und auszutesten. Ein Demokonto mit seiner simulierten Umgebung und virtuellem Kapital bietet Einsteigern die Chance, ihre Fähigkeiten im Risikomanagement zu verbessern. Sie können lernen, wie man angemessene Stop-Loss-Orders setzt, Gewinnziele festlegt und Positionen mit unterschiedlichen Risiko-Rendite-Verhältnissen verwaltet. Fazit: Daytrader können auf einem Demokonto Fehler machen und daraus kontinuierlich lernen, ohne finanzielle Konsequenzen erleiden zu müssen.

- *Mobile Unterstützung:* Eine mobile Anwendung (App) ermöglicht es Daytradern, auch unterwegs auf ihre Konten zuzugreifen und Trades zu überwachen. Mobile Plattformen sollten daher die gleichen Funktionen wie ihre Desktop-Version bieten und bei Bedarf einen nahtlosen Wechsel gewährleisten.

- *Kundenservice:* Ein guter Kundenservice kann entscheidend sein, wenn eventuelle Probleme oder Fragen schnell geklärt werden müssen. Hier ist beispielsweise wichtig, ob und wie viele deutschsprachige Berater zu welchen Zeiten telefonisch erreichbar sind und ob eine Verfügbarkeit und Support auch über andere Kommunikationskanäle (zum Beispiel E-Mail, Chat) bestehen.

- *Bildungsressourcen:* Plattformen, die Bildungsressourcen wie Schulungsmaterialien oder Webinare anbieten, können für Einsteiger besonders nützlich sein.

- *Community und Support:* Eine aktive Community und Support-Optionen sind wertvoll, um Erfahrungen auszutauschen und bei auftretenden Fragen Unterstützung zu erhalten.

Vorstellung verschiedener Handelsinstrumente

Das einzige und ideale Handelsinstrument für das Daytrading gibt es nicht. Es hängt immer von den persönlichen Vorzügen und Strategien des Traders ab. Es gibt jedoch einige Instrumente, die dank intensiver Kursstellungen (Rund-um-die-Uhr-Liquidität), guter Schwankungsfreudigkeit (Volatilität) und passender Handelszeiten von Daytradern bevorzugt werden.

Vorab sollten Sie sich daher bei der Vielzahl an Handelsprodukten und -instrumenten sowie Märkten immer diese Fragen stellen:

- Möchte ich alles aktiv handeln – oder auch passiv?
- Wie viel Risiko bin ich persönlich bereit, einzugehen?
- Welche Verluste kann ich mir maximal erlauben?
- Kann ich im Handel Hebel einsetzen und wenn ja, bis zu welcher Höhe?
- Wie viel Kapital habe ich verfügbar und welche Instrumente eignen sich dafür?
- Wie ist mein Zeitbudget: Wie viel Zeit habe ich täglich und wann kann ich handeln?

Im Daytrading bieten Online-Broker eine große Bandbreite an Handelsinstrumenten. Diesbezüglich ist vorab eine weitere Unterscheidung und Erklärung notwendig, denn es gibt zwei Kategorien: Basiswerte und Derivate. Bei einem Basiswert kann es sich um verschiedene Finanzinstrumente wie Aktien, Anleihen, Währungen, Rohstoffe oder Indizes handeln. Es sind unabhängige Vermögenswerte oder Indizes, die jeden Tag, jede Stunde, Minute oder Sekunde einen eigenen Marktwert und Preis für sich bilden. Ein Derivat ist dagegen ein Finanzinstrument, dessen Wert von einem zugrundeliegenden Vermögenswert (dem Basiswert, „Underlying") abgeleitet ist. Preisbewegungen des Basiswerts beeinflussen also direkt den Preis des Derivats. Derivate werden häufig genutzt, um auf Preisbewegungen des Basiswerts zu spekulieren, ohne diesen kapitalintensiv zu erwerben. Sogenannte Differenzkontrakte („Contracts for difference" = CFDs) sind im Daytrading sehr populäre, aber auch hochspekulative Derivate. Nahezu alle

Online-Handelsplattformen, die sich an Daytrading-Einsteiger richten, bieten ein üppiges Angebot an CFDs auf eine große Vielfalt an Basiswerten an. Der Übersichtlichkeit und Relevanz wegen sollen hier nur die populärsten Handelsinstrumente für den Daytrading-Einsteiger vorgestellt werden.

Aktien

Aktien stellen Anteile an einem Unternehmen dar und verleihen dem Inhaber Eigentumsrechte an dieser Aktiengesellschaft. Der Handel mit Aktien ist ein zentraler Bestandteil der weltweiten Finanzmärkte. Sie werden an den Börsen von Anlegern gekauft und verkauft, wobei Aktien mit ihren Preisschwankungen auch kurzfristig innerhalb eines Handelstages erworben und verkauft werden können. Vorteilhaft ist die breite Palette von Handelsmöglichkeiten, Branchen, Märkten sowie Regionen, was eine risikomindernde Streuung ermöglicht. Im Handel bieten sich oft lukrative Chancen bei ausreichendem Handelsvolumen mit auskömmlichen Preisbewegungen.

Achtung: Aktienkurse können durch Unternehmensnachrichten, Wirtschaftsdaten und andere Ereignisse stark beeinflusst werden. Daytrader halten sich oft über aktuelle Entwicklungen auf dem Laufenden, um Chancen zu erkennen und unnötige Risiken zu vermeiden. Und: Aktien sollten nur dann gehandelt werden, wenn ihr Markt ausreichend liquide ist, das heißt, dass genügend Kurse innerhalb eines Tages an den Börsen gestellt werden. Das ist dann der Fall, wenn dort ausreichend Anbieter (Angebot) und Käufer (Nachfrage) während der Haupthandelszeiten aktiv sind. Handelsplattformen zeigen hier in der Regel je Aktie das jeweilige Handelsvolumen (Stücke, Wert in Euro/USD) an. Bei „kleinen" Aktien mit geringer Marktkapitalisierung (= Anzahl der handelbaren Aktien multipliziert mit ihrem Preis) und wenigen Stücken im Handel – den sogenannten Nebenwerten – besteht daher das Risiko großer Marktpreisschwankungen zum eigenen Nachteil beim Eröffnen oder Schließen von Positionen.

Währungen

Devisen, auch als Forex (Foreign Exchange) bezeichnet, sind Währungen verschiedener Länder, die auf den Devisenmärkten gehandelt werden. Der Devisenmarkt ist der größte und liquideste Finanzmarkt der Welt, auf dem der Austausch von nationalen Währungen 24 Stunden täglich und bis in kleinste Zeiteinheiten (sogar Sekundenbruchteile) stattfindet. Vor allem international kapitalkräftige Banken, institutionelle Investoren, Unternehmen, Regierungen sowie einzelne Händler sind hier aktiv. Der Devisenhandel ermöglicht ihnen allen einen Zugriff auf verschiedene Zeitzonen, um so von globalen Wirtschaftsereignissen zu profitieren. Im Daytrading können Devisen auch für sehr kurzfristige Handelsstrategien optimal genutzt werden.

Kurz zur Praxis: Der Handel mit Währungen erfolgt über Devisenpaare, die in der Regel durch mit einem Schrägstrich getrennte Abkürzungen von zwei Währungen dargestellt werden. Dabei fungiert die erste Währung als Basiswährung und die zweite als Kurswährung. Ein Beispiel mit der üblichen Schreibweise eines der am meisten gehandelten Währungspaare lautet: „EUR/USD 1,08630 $". Diese Notierung bedeutet: Der Euro (EUR) ist die Basiswährung und der US-Dollar (USD) die Kurswährung. Dabei wird auf fünf (oft auch nur vier) Nachkommastellen angegeben, wie viel Einheiten von der Kurswährung (USD) benötigt werden, um eine Einheit der Basiswährung (Euro) zu erwerben. Ein Euro wird im Beispiel also für 1,08630 US-Dollar gehandelt. Die gehandelten Währungspaare werden in drei Hauptkategorien unterteilt:

- Hauptwährungspaare (zum Beispiel EUR/USD)
- Nebenwährungspaare (zum Beispiel EUR/AUD)
- exotische Währungspaare (zum Beispiel USD/TRY)

Online-Broker bieten auf dem Devisenmarkt oft hohe Hebel auf bestimmte Handelsprodukte (zum Beispiel CFDs), was es Daytradern ermöglicht, mit einem geringeren Kapitaleinsatz größere Positionen zu kontrollieren. Es ist daher besonders wichtig, Wirtschaftsdaten und insbesondere Sitzungszeiten der Zentralbanken sowie ihre Zinsentscheidungen zu beachten.

Futures

Futures sind standardisierte Finanzkontrakte, die den Käufer verpflichten, eine bestimmte Menge eines Vermögenswerts zu einem festgelegten Preis zu einem zukünftigen Zeitpunkt zu kaufen. Den Verkäufer verpflichten sie, denselben Vermögenswert zu dem vereinbarten Preis zu liefern. Futures werden an einer Börse gehandelt und können verschiedene Vermögenswerte umfassen, wie zum Beispiel Rohstoffe, Währungen, Zinssätze oder Aktienindizes. Im Daytrading ermöglichen Futures, auf kurzfristige Marktbewegungen zu spekulieren. Zugleich bieten sie eine hohe Hebelwirkung und eine ausreichende Liquidität. Wichtig ist auch, die Handelszeiten zu beachten, die je nach Kontrakt abweichen können.

Inzwischen werden zahlreiche Mini-Futures bzw. E-Mini-Futures im Handel angeboten. Das sind elektronisch gehandelte Futures-Kontrakte, die nur einen Bruchteil des Standard-Kontrakts darstellen. Entsprechend geringer fällt hier auch die zu hinterlegende Sicherheitsleistung (Margin) für den Händler aus. Dennoch sind viele der E-Mini-Futures gegenüber den klassischen Kontrakten in Bezug auf das Handelsvolumen gleichwertig oder sogar besser. Ihre wachsende Zahl und die geringen Margin-Anforderungen machen diese zu einem interessanten Instrument im Daytrading.

Kryptowährungen

Kryptowährungen sind digitale Währungen auf der Grundlage von kryptografischen Technologien. Im Gegensatz zu traditionellen Währungen werden Kryptowährungen nicht von einer zentralen Behörde – zum Beispiel einer Regierung oder Zentralbank – ausgegeben und kontrolliert. Stattdessen nutzen sie dezentrale Technologien wie die sogenannte Blockchain, um Transaktionen zu verifizieren und die Schaffung neuer Einheiten zu regeln. Im Handel mit Differenzkontrakten (siehe unten) können Trader auf die Preisbewegungen von Kryptowährungen spekulieren, ohne die zugrunde liegenden Vermögenswerte tatsächlich zu besitzen. Bitcoin (BTC) ist die erste und prominenteste Kryptowährung. Es gibt jedoch noch viele andere, darunter zum Beispiel Ethereum (ETH), Ripple (XRP) und Litecoin (LTC).

Im Daytrading bieten Kryptowährungen den Vorteil einer hohen täglichen Kursschwankungsbreite. Im Gegensatz zu traditionellen Finanzmärkten sind Kryptowährungen rund um die Uhr und an sieben Tagen in der Woche handelbar, was sie besonders interessant macht. Allerdings lassen sich Online-Broker diese durchgehenden Handelsmöglichkeiten oft teuer bezahlen, indem sie deutliche Unterschiede zwischen An- und Verkaufspreisen (sogenannte Geld-Brief-Spannen) einfordern, was zulasten der Anleger geht. Die Kurse der Kryptowährungen reagieren meist sehr stark auf Entwicklungen im Kryptomarkt sowie bei kryptotechnologischen Ereignissen. Insbesondere relevante Nachrichten aus dem Umfeld der Finanzmarkt-Aufsichtsbehörden können starke Kursbewegungen auslösen. Außerdem beeinflussen Kursbewegungen der prominentesten Kryptowährungen (zum Beispiel Bitcoin) die anderen Währungen oft sehr stark. Daher empfiehlt es sich, Entwicklungen und Nachrichten hier immer zeitnah und genau zu verfolgen. Ein tieferes Verständnis der zugrunde liegenden Technologien, Marktdynamiken sowie der Funktionsweise von Kryptowährungen ist für einen erfolgreichen Handel mit diesen Währungen ohnehin unerlässlich.

CFDs („Contract for Difference")

CFD ist das Kürzel für Differenzgeschäfte oder Differenzkontrakte („Contract for Difference"). Es ist eine Form des derivativen Handels. CFDs ermöglichen es Händlern, auf Preisbewegungen von Finanzinstrumenten wie Aktien, Indizes, Währungen, Rohstoffen und Anleihen zu spekulieren, ohne den zugrundeliegenden Vermögenswert physisch zu besitzen. CFDs sind Finanzderivate, bei denen zwei Parteien (Käufer und Verkäufer) einen Vertrag abschließen, der die Differenz zwischen dem Eröffnungs- und Schlusskurs eines Vermögenswerts abbildet. Wenn der Marktpreis des zugrundeliegenden Vermögenswerts steigt, erhält der Käufer die Differenz in bar vom Verkäufer. Umgekehrt zahlt der Käufer dem Verkäufer die Differenz, wenn der Preis fällt. Die Hebelwirkung (oder „Leverage") ist allerdings die zentrale Eigenschaft von CFDs im Daytrading. Sie erlaubt Händlern, mit einem geringen Kapitaleinsatz große Positionen zu handeln, wodurch das Potenzial für Gewinne – allerdings auch für Verluste – beträchtlich gesteigert wird. Ein Hebel von 10:1 bedeutet beispielsweise, dass ein Trader mit einem Kapitaleinsatz von 1.000 Einheiten eine Position im Wert von 10.000 Einheiten handeln kann. Denn CFDs erfordern in der Regel nur einen Bruchteil des Gesamtwerts einer Position als Sicherheitsleistung (Margin), die der Trader beim Broker hinterlegen muss. Dieser Anteil vom Handelskapital ist dafür immer „geblockt". Im herkömmlichen Aktienhandel muss ein Investor den vollen Wert einer Position bezahlen. Das wäre zum Beispiel bei einer Aktie deren Kurs multipliziert mit der erworbenen Stückzahl. Im Handel bei einem Online-Broker mit Zulassung in der Europäischen Union (EU) gelten folgende Anforderungen an Privat- und Kleinanleger bezüglich der zu hinterlegenden Margin:

- Basiswert Aktien: CFD-Margin = 20,00 %, d. h. Hebel 1:5
- Basiswert Rohstoffe: CFD-Margin = 10,00 %, d. h. Hebel 1:10
  (außer Gold = 5 %)
- Underlying Indizes: CFD-Margin = 5,00 %, d. h. Hebel 1:20
- Basiswert   CFD-Margin = 3,33 %, d. h. Hebel 1:30
  Hauptwährungspaare:
- Kryptowährungen: CFD-Margi n = 50,00 %, d. h. Hebel 1:2

20,00 % CFD-Margin bei Aktien bedeuten für den Trader, nur ein Fünftel des gehandelten Wertes (= Aktienkurs multipliziert mit der Stückzahl) hinterlegen zu müssen.

Berechnungsbeispiel: 100 Aktien der Siemens AG zum Kurs von 147 Euro entsprechen einem Handelswert von 14.700 Euro. Ein Fünftel davon, also 2.940 Euro, sind als Margin erforderlich. Mit dieser Summe auf dem Handelskonto könnten daher bereits 100 Aktien-CFDs „Siemens AG" gehandelt werden – allerdings ohne ausreichend Puffer für Schwankungen und Risiken, was nicht empfehlenswert ist. Einer der populärsten Aktienindizes, der DAX, könnte entsprechend mit einem CFD-Kontrakt (Kurs/Wert 15.900 Punkte = 15.900 Euro) für eine hinterlegte Margin von 795 Euro (= 5,00 %) gehandelt werden. Dies verdeutlicht einen der wesentlichen Anreize des Daytradings mit CFDs: Aufgrund der geringen Kapitalanforderungen werden sie häufig für kurzfristige, schwankungsintensive Handelsinstrumente und Marktphasen bevorzugt genutzt.

Weitere Pluspunkte für den Handel mit CFDs:

- sehr große Auswahl an verschiedensten Basiswerten und Märkten
- schneller und effizienter Handel sowohl über Desktop-Plattformen als auch mobile Apps
- Verkauf von Basiswerten ohne Besitz (Leerverkäufe)
- Spekulation auf steigende (= long) sowie fallende (= short) Kurse
- perfekt für kurzfristige (Daytrading-)Handelsstrategien geeignet
- transparente Produkt- und Preisstruktur
- Effektives Risikomanagement über entsprechende Order-Varianten
- Nachschusspflichten (für Privatkunden) wurden von der Aufsicht (BaFin) abgeschafft

Aber auch die Nachteile müssen gerade für Einsteiger genannt werden:

- Hebeleffekt geht immer in beide Richtungen, also auch bei Verlusten
- Übernachtgebühren, wenn Positionen bei Handelsschluss offen bleiben
- Keine Eigentumsrechte (wie bei Aktien), da kein physischer Besitz am Basiswert besteht
- Voller Dividendenbetrag wird am Tag der Dividendenzahlung (Ex-Dividenden-Tag) bei Short-Positionen vom Konto abgezogen, was einem Kursverlust von 100 % der Dividende entspricht

- Kursstellungen weichen je nach Broker mehr oder weniger von den tatsächlichen Börsenpreisen ab (da zumeist außerbörslicher Handel!)

Beachten Sie: Liquide Märkte sind das A und O im Daytrading. Es ist wichtig, nur solche Länder (Deutschland, Europa, USA usw.) und Instrumente (Währungen, Rohstoffe, Branchen, Indizes usw.) auszuwählen, bei denen zu den Haupthandelszeiten (8.00 – 22.00 Uhr) mit genügend Handelsvolumen bis in den Sekundenbereich ausreichend Kursstellungen stattfinden. Nur so kann auch vermieden werden, teure und teils extreme Abweichungen („Slippage") zwischen erwarteten und tatsächlich ausgeführten Preisen (Kauf oder Verkauf) bezahlen zu müssen. Und: Natürlich profitieren Daytrader ebenso von besonders schwankungsfreudigen – also volatilen – Märkten, insbesondere dann, wenn sich das Handelsinstrument in die gewünschte Richtung bewegt.

Bei der Auswahl von Handelsinstrumenten für das eigene Daytrading ist es wichtig, die Marktbedingungen, die eigene Risikotoleranz sowie die verfolgte Handelsstrategie zu berücksichtigen. Oft kombinieren Daytrader verschiedene Instrumente in ihrer Handelsstrategie, um Risiken und Unwägbarkeiten zu streuen. Läuft es in einem Bereich schlechter, können andere, besser laufende Trades das kompensieren. Es ist jedoch ratsam, sich nicht zu überfordern. Spezialisieren Sie sich auf einige wenige Märkte und Instrumente, die Sie gut verstehen und beherrschen.

Werkzeuge: Technische Hilfsmittel und Trading-Tools

Technische Hilfsmittel und Trading-Tools sind essenziell, um Daytrading-Strategien effizient umzusetzen und sichere Entscheidungen zu treffen. Online-Broker und spezialisierte Anbieter konkurrieren ständig darum, Daytrader als Kunden zu gewinnen, indem sie fortschrittliche Tools und Hilfsmittel anbieten, die dabei helfen sollen, den Markt einfach, schnell und präzise zu analysieren und Handelschancen zeitnah zu erkennen.

Das grundlegendste technische Hilfsmittel für Trader ist immer noch die *Hardware:* Ein schneller und leistungsstarker Computer mit mehreren Monitoren ermöglicht es, mehrere Charts und Datenquellen gleichzeitig im Auge zu behalten. Das ist das übliche Bild, das man bei jeder TV-Liveschalte „vom Parkett" in den großen Handelssälen der Geschäftsbanken oder den prominenten Börsenplätzen wie zum Beispiel in Frankfurt am Main oder New York sieht.

Online-Broker bieten inzwischen ausgefeilte und hochleistungsfähige, an mobile Endgeräte wie Smartphones oder Tablets *angepasste Handelssysteme* an. Über die Apps der Online-Broker können Trader die Handelsplattformen so auch unterwegs nutzen. Diese Plattformen bieten Echtzeit-Marktdaten sowie fortschrittliche Charting-Funktionen an. Sie erlauben es Daytradern zum Beispiel auch, das Setzen von Stop-Loss-Aufträgen oder Take-Profit-Leveln automatisch durchzuführen.

Darüber hinaus nutzen viele Trader *spezielle Analysewerkzeuge* zur besseren Einschätzung der Marktbewegungen. Solche Werkzeuge sollen helfen, Trends frühzeitig zu erkennen oder Unterstützungs- und Widerstandsniveaus besser einzuschätzen.

Es ist jedoch wichtig darauf hinzuweisen, dass technische Hilfsmittel und Trading-Tools in extremen Marktphasen (zum Beispiel Crash-ähnliche Zustände mit extrem hohen Handelsvolumina) nicht immer störungs- und unterbrechungsfrei funktionieren. Sie garantieren auch keinen Tradingerfolg, sondern dienen lediglich dazu, die bestmöglichen Informationen für eigene Handelsentscheidungen bereitzustellen. Deshalb ist es für einen Daytrader von hoher Bedeutung, sowohl die Funktionen als auch die Grenzen dieser Technologien zu verstehen und sie in Kombination mit fundiertem Wissen über den Markt einzusetzen.

Der Schlüssel zum Erfolg liegt darin, diese Werkzeuge sorgfältig auszuwählen und intelligent einzusetzen. Dabei gilt: Weniger ist oft mehr, insbesondere für schnelle Entscheidungen. Berücksichtigen Sie stets Ihre individuelle Risikobereitschaft sowie Ihr Fachwissen im Bereich der Finanzmärkte.

Echtzeit-Marktdaten und Nachrichtenfeeds

Um über wirtschaftliche Ereignisse und Unternehmensnachrichten auf dem Laufenden zu bleiben, sind Echtzeit-Marktdaten in Form von eingebetteten Nachrichtenfeeds und Wirtschaftskalendern für Daytrader unerlässlich. Die Online-Plattform sollte einen schnellen Zugriff darauf bieten. Reuters, Bloomberg und Finanznachrichten-Websites sind hier einige populäre und qualifizierte Beispiele für entsprechende Dienste. Aber auch die

Social-Media-Kanäle (wie die populäre Kurznachrichten-Plattform „X") dieser Nachrichtendienste können gute Quellen sein.

Hier sind einige Beispiele (Links) für reichweitenstarke Online-Plattformen für Markt- und Handelsdaten, die besonders für Daytrader nützlich sind:

- https://stock3.com/maerkte
- https://www.finanzen.net/indizes
- https://www.boerse-frankfurt.de
- https://www.onvista.de/index
- https://www.wallstreet-online.de/nachrichten
- https://de.investing.com/indices/major-indices
- https://www.finanznachrichten.de/nachrichten/marktberichte.htm
- https://de.marketscreener.com
- https://www.finanztreff.de
- https://www.boerse.de/boerse-live/
- https://www.sbroker.de/maerkte/indizes-kurslisten.html
- https://www.comdirect.de/inf/index.html
- https://www.t-online.de/finanzen/boerse/

Technische Analysewerkzeuge

Umfangreiche technische Analysewerkzeuge wie Chartmuster, Indikatoren und Zeichenwerkzeuge ermöglichen es Daytradern, präzise Analysen durchzuführen. Scanner- und Screener-Tools sollen Einsteigern dabei helfen, potenzielle Handelsmöglichkeiten anhand vordefinierter Kriterien zu identifizieren.

Bei der Auswahl der auf Handelsplattformen oft kostenlos nutzbaren technischen Analysewerkzeuge empfiehlt es sich:

- *Stets die Zuverlässigkeit der Daten überprüfen:* Sie sollten aus zuverlässiger Quelle (zum Beispiel von bekannten, renommierten Nachrichtendiensten) stammen sowie aktuell und im besten Fall in Echtzeit sein. Beispiele dafür sind vertrauenswürdige Handelsplattformen oder Fachnachrichtendienstleister wie Bloomberg oder Dow Jones Newswire.

- *Die richtigen Werkzeuge:* Das sind diejenigen, die zu der eigenen Handelsstrategie passen und bei eigenen Analysen effektiv helfen. Dazu zählen in der Regel die bereits genannten und populären technischen Analysewerkzeuge wie gleitende Durchschnitte, Bollinger-Bänder, RSI (Relative Strength Index) und MACD (Moving Average Convergence Divergence).

- *Machen Sie sich klar, wie sie funktionieren und welche Signale sie erzeugen.* Erst ein gründliches Verständnis der Werkzeuge führt zu genauen und fundierten Handelsentscheidungen.

- *Der Mix ist entscheidend:* Oft führt erst eine Kombination von mehreren technischen Analysewerkzeugen zu einem umfassenden und aussagekräftigen Bild des Marktes. Zum Beispiel werden gerne gleitende Durchschnitte mit dem RSI oder dem MACD kombiniert, um mögliche Handelssignale zu erhalten.

- *Der Test davor (= „Backtesting"):* Wie gut sind die ausgewählten Analysewerkzeuge wirklich? Falls die Handelsplattform ein Backtesting ermöglicht, kann man mit echten Daten aus der Vergangenheit ihre Wirksamkeit auf die eigene Strategie testen. So hilft Backtesting, die Leistung der Strategie in der Vergangenheit zu ermitteln und potenzielle Schwächen für die kommenden Handelszeiten rechtzeitig auszuschließen.

Es ist wichtig daran zu denken, dass die Auswahl der Hilfsmittel und Trading-Tools von den eigenen Vorlieben und Gewohnheiten, dem Handelsstil und auch vom verfügbaren Budget abhängt. Einige Trader bevorzugen manuelle Handelsentscheidungen, während andere ihre Handelsentscheidungen durch selbst entwickelte oder vorgegebene Algorithmen treffen lassen. Es ist ratsam, sich vor der Auswahl der Hilfsmittel und Trading-Tools gründlich zu informieren oder mit kostenlosen Demokonten zu testen, ob sie diejenigen sind, die am besten zu den eigenen Bedürfnissen passen.

4.
Entwicklung einer Handelsstrategie

Ein erfolgreicher Daytrader zeichnet sich nicht nur durch Fachwissen und technische Fähigkeiten aus, sondern auch durch eine gut durchdachte und disziplinierte Handelsstrategie. Die Entwicklung einer solchen Strategie ist ein zentraler Baustein für den langfristigen Erfolg und erfordert eine systematische Herangehensweise. Dieses Kapitel widmet sich den wesentlichen Aspekten und Schritten, die bei der Erstellung und Implementierung einer effektiven Handelsstrategie zu berücksichtigen sind.

Eine Handelsstrategie bietet einen klaren Rahmen, innerhalb dessen Entscheidungen getroffen werden können. Sie hilft, Emotionen zu kontrollieren und stellt sicher, dass jeder Trade auf fundierten Analysen und vorab festgelegten Kriterien basiert. Ob Sie ein erfahrener Trader sind oder gerade erst mit dem Daytrading beginnen, eine gut definierte Handelsstrategie ist unerlässlich, um konsistente und profitable Ergebnisse zu erzielen.

Das richtige Mindset

Allgemein betrachtet bezieht sich ein sogenanntes Mindset auf die Denkweise, Überzeugungen und Einstellungen einer Person gegenüber bestimmten Situationen, Herausforderungen oder Zielen. Es umfasst die Art und Weise, wie jemand die Welt wahrnimmt, wie er auf Erfahrungen reagiert und wie er seine Handlungen und Entscheidungen trifft. Ein Mindset kann positiv oder negativ sein und kann einen großen Einfluss auf das Verhalten und die Leistung einer Person haben. Im Zusammenhang mit dem

Daytrading wird von einem Mindset gesprochen, wenn es um die spezifischen Einstellungen und Denkweisen geht, die ein Daytrader für seinen Handelserfolg benötigt.

Zum richtigen Mindset gehören unter anderem diese wichtigen Aspekte und Elemente:

- *Selbstbewusstsein:* Die Fähigkeit, sich selbst zu verstehen, seine Stärken und Schwächen zu erkennen und sich selbst zu akzeptieren.

- *Disziplin:* Bleiben Sie diszipliniert und halten Sie sich an Ihre Handelsstrategie, unabhängig von Emotionen oder kurzfristigen Marktschwankungen. Dies erfordert die Fähigkeit, konsequent an Ihrer Strategie festzuhalten und nicht impulsiv zu handeln.

- *Geduld:* Seien Sie geduldig und warten Sie auf die richtigen Handelsmöglichkeiten, anstatt sich unnötig unter Druck zu setzen und Kurzschlussreaktionen zu riskieren.

- *Risikomanagement:* Verwalten Sie Ihr Risiko vernünftig, indem Sie nur einen kleinen Prozentsatz Ihres Handelskapitals in einem einzigen Trade riskieren. Diese Fähigkeit, das Risiko zu portionieren, ist entscheidend, um Verluste zu begrenzen und langfristig erfolgreich zu handeln.

- *Lernbereitschaft:* Seien Sie bereit, kontinuierlich zu lernen und sich weiterzuentwickeln, um mit den sich ständig ändernden Marktbedingungen Schritt zu halten. Die kontinuierliche Bereitschaft, zu lernen und sich weiterzuentwickeln, hilft, sich an die ständig ändernden Marktbedingungen optimal anzupassen.

- *Realistische Erwartungen:* Haben Sie vernünftige und marktübliche Erwartungen an Ihre Gewinne und Verluste. Akzeptieren Sie, dass Verluste stets die Kehrseite der Medaille sind und zum Handel gehören.

- *Emotionale Kontrolle:* Behalten Sie Ihre Emotionen im Griff und lassen Sie sich nicht von Angst, Gier oder Euphorie leiten. Entwickeln

Sie die Fähigkeit, Emotionen zu beherrschen und stets rationale Entscheidungen zu treffen.

- *Optimismus:* Hier ist die gesunde Neigung gemeint, positive Erwartungen zu haben und optimistisch auf Herausforderungen und Rückschläge zu reagieren.

- *Resilienz:* Auch die Fähigkeit, sich von Rückschlägen zu erholen, Widerstandsfähigkeit zu zeigen und aus Misserfolgen zu lernen, gehört zu erfolgreichem Trading.

Ein starkes und ausgewogenes Mindset, das Disziplin, Geduld, Risikomanagement, Lernbereitschaft, realistische Erwartungen sowie emotionale Kontrolle umfasst, ist entscheidend für langfristigen Erfolg beim Daytrading. Es ist wichtig zu betonen, dass Erfolg beim Daytrading nicht garantiert ist und es Zeit und Übung erfordert, um ein effektives Handels-Mindset zu entwickeln.

Daher stellt sich für Einsteiger die Frage: Wie kann ich kontinuierlich an der Verbesserung meines Mindsets beim Daytrading arbeiten? Hier sind einige Schritte, die Daytrader unternehmen sollten, um kontinuierlich an der Verbesserung des eigenen Mindsets zu arbeiten:

1. Selbstreflexion: Nehmen Sie sich regelmäßig Zeit, um über die eigenen Handelsentscheidungen, Erfolge und Misserfolge nachzudenken. Analysieren Sie, was gut gelaufen ist und was noch verbessert werden könnte (zum Beispiel in einem Tagebuch). Identifizieren Sie dabei (durch Selbstbeobachtung und Notieren) Ihre Stärken und Schwächen im Verhalten in verschiedenen Handelssituationen. Schwächen gilt es möglichst zu überwinden, Stärken sollten gefördert und weiterentwickelt werden. Organisieren Sie Ihre Gedanken, Gefühle und gewonnenen Erfahrungen in Form von Mindmaps.

2. Weiterbildung: Information und Bildung ist ein kontinuierlicher Prozess. Halten Sie sich über aktuelle Marktentwicklungen auf dem Laufenden. Erlernen Sie gegebenenfalls neue Handelsstrategien und Techniken. Dazu gehört auch, das Verständnis für die Funktionsweise der gehandelten Märkte permanent zu vertiefen.

3. Feedback einholen: Suchen Sie zum Beispiel in Einsteiger-Chatgruppen und Community-Portalen nach Feedback von Einsteigern sowie erfahrenen Händlern, Mentoren oder anderen teilnehmenden Daytradern. Diese können wertvolle Einblicke und Ratschläge bieten, um die eigenen Handelsfähigkeiten zu verbessern und das Mindset zu stärken.

Achtung: Bleiben Sie auch hier grundsätzlich kritisch und realistisch. Lassen Sie sich nicht von übertriebenen Erfolgsgeschichten blenden oder irritieren. Oft werden eigene Fehler oder Verluste verschwiegen, während Erfolge schillernd und angeberisch dargestellt werden, um naive „Follower" für eigennützige Geschäftsmodelle zu gewinnen.

4. Visualisierung und positive Affirmationen: Verwenden Sie Visualisierungstechniken und positive Affirmationen, um das eigene Selbstvertrauen zu stärken und ein positives Mindset zu fördern. Zeichnen und veranschaulichen Sie erfolgreiche Trades in Skizzen und stellen Sie sich vor, wie sie ruhig und diszipliniert in verschiedenen Handelsszenarien reagiert haben.

5. Mentale und emotionale Gesundheit: Sorgen Sie für Ihre mentale und emotionale Gesundheit, indem Sie Stress abbauende Techniken wie Meditation, Yoga oder Atemübungen anwenden. Ein ausgeglichener Geisteszustand hilft Ihnen, auch in stressigen Situationen klar zu denken und rational zu handeln.

6. Tagebuch führen: Erstellen Sie ein Handelstagebuch, in dem Sie Ihre Gedanken, Emotionen und Handelsentscheidungen dokumentieren. Dies hilft Ihnen, erfolglose sowie erfolgreiche Muster zu erkennen, aus Ihren Erfahrungen zu lernen und sich kontinuierlich zu verbessern.

7. Ziele setzen und verfolgen: Setzen Sie sich klare und erreichbare Ziele für das eigene Trading. Überwachen und verfolgen Sie damit regelmäßig den eigenen Fortschritt. So bleiben Sie im Daytrading fokussiert und motiviert. Zugleich verbessern Sie permanent das eigene Mindset.

Indem Sie diese Schritte verfolgen und kontinuierlich Ihr Mindset optimieren, erhöhen sich langfristig Ihre Erfolgschancen. Nicht umsonst stellte bereits der Wirtschaftswunder-Kanzler Ludwig Erhard fest: „Wirtschaft ist zu 50 Prozent Psychologie." Dies gilt in gleichem Maße für den Handel an den Märkten!

Verschiedene Handelsstrategien

Beim Daytrading gibt es verschiedene Handelsstrategien, die darauf abzielen, von kurzfristigen Marktbewegungen zu profitieren. Einige der erfolgversprechendsten Handelsstrategien sind die folgenden.

Scalping

Mit dieser Strategie werden Positionen innerhalb kürzester Zeit eingegangen und verlassen. Ziel ist, kleine Gewinne aus möglichst kurzfristigen Marktbewegungen zu erhalten. Die wesentlichen Merkmale des Scalpings sind daher:

- *Kurze Haltezeit:* Scalper halten ihre Positionen manchmal nur für Bruchteile von Minuten. Sie versuchen, von kleinen Preisschwankungen zu profitieren, die innerhalb dieses kurzen Zeitrahmens auftreten.

- *Hohe Handelsfrequenz:* Scalper führen viele Trades innerhalb einer Handelssitzung durch. Sie suchen nach möglichst zahlreichen Gelegenheiten, um kleine Gewinne zu erzielen, und nehmen oft viele Positionen ein.

- *Geringe Gewinnmargen pro Trade:* Da Scalper kleine Preisbewegungen ausnutzen, sind ihre Gewinne pro Trade oft relativ gering. Daher müssen sie eine hohe Anzahl von Trades durchführen, um einen signifikanten Gesamtgewinn zu erzielen.

- *Schnelle Entscheidungen und schnelle Ausführung:* Scalper müssen schnell handeln, um die besten Gelegenheiten zu nutzen. Sie verlassen sich oft auf automatisierte Handelssysteme und technische Analysen, um schnelle Entscheidungen zu treffen und ihre Trades auszuführen.

- *Enges Risikomanagement:* Aufgrund der hohen Handelsfrequenz und der geringen Gewinnmargen pro Trade ist ein striktes Risikomanagement entscheidend für Scalper. Sie setzen oft enge Stop-Loss-Orders, um ihre Verluste zu begrenzen.

Scalping erfordert ein hohes Maß an Aufmerksamkeit, Disziplin und technischem Verständnis der Märkte. Es ist daher eine anspruchsvolle

Strategie, die nicht für alle Trader geeignet ist. Besonders die hohe und schnelle Reaktionsfähigkeit, aber auch das Vermögen, emotionale Reaktionen stets unter Kontrolle zu halten, erfordern ein gründliches Training.

Momentum-Handel oder Trendfolgestrategie

Beim Momentum-Handel werden Aktien gehandelt, die sich in einem ausgeprägten Aufwärts- oder Abwärtstrend befinden. Trader versuchen, von der Dynamik des Trends zu profitieren, indem sie in Richtung des vorherrschenden Trends handeln. Die Momentum-Handelsstrategie beim Daytrading konzentriert sich darauf, die Dynamik oder den Schwung der Kurse in eine bestimmte Richtung „abzuschöpfen". Dieser Strategie liegt die Annahme zugrunde, dass sich die Aufwärts- und Abwärtsbewegungen der Kurse meist fortsetzen statt umkehren, sobald sie begonnen haben.

Die wesentlichen *Merkmale der Momentum-Handelsstrategie* sind:

*   *Identifizierung eines Momentums:* Daytrader suchen nach Vermögenswerten, die eine starke Preisbewegung in eine bestimmte Richtung zeigen. Dies kann durch die Verwendung von Indikatoren wie dem Relative Strength Index (RSI), dem Moving Average Convergence Divergence (MACD) oder anderen technischen Indikatoren geschehen, die von Preis- und Volumendaten gestützt werden.

*   *Einstiegspunkte festlegen:* Sobald ein starkes Momentum an einem Vermögenswert erkannt wird, suchen Momentum-Trader nach geeigneten Einstiegspunkten, um in den Markt einzutreten. Dabei können sogenannte Pullbacks (Abwärtsschwünge) genutzt werden, um niedrigere Preise für einen Einstieg zu erhalten. Oder es werden Breakouts (Kursausbrüche) abgewartet, um die Fortsetzung des Trends zu bestätigen und sicherzustellen, dass das Momentum anhält.

*   *Enges Risikomanagement:* Wie bei den meisten Handelsstrategien ist auch beim Momentum-Trading ein striktes Risikomanagement wichtig. Trader setzen Stop-Loss-Orders, um potenzielle Verluste zu begrenzen, falls sich der Markt gegen sie bewegt.

- *Gewinnmitnahmen:* Daytrader nehmen in der Regel Gewinne mit, wenn sich der Markt in ihre Richtung bewegt. Sie können Teile ihrer Position schließen, um ihre Gewinne zu sichern. Oder es werden Trailing-Stop-Orders gesetzt, um Gewinne bei einer Trendfortsetzung zu maximieren.

- *Zeitrahmen:* Momentum-Trading kann in verschiedenen Zeitrahmen durchgeführt werden, von kurzfristigen Intraday-Trades im Minutenbruchteilbereich bis hin zu langfristigen, Stunden oder Tage dauernden Kursschwankungen bei sogenannten Swing-Trades. Die Auswahl des richtigen Zeitrahmens hängt vor allem von den persönlichen Vorlieben des Daytraders und der Schwankungsfreudigkeit des jeweiligen Marktes ab.

Momentum-Trading erfordert eine gründliche Marktanalyse und eine hohe Agilität, um profitabel zu sein. Es ist wichtig zu beachten, dass Momentum-Strategien auch immer mit Risiken verbunden sind, insbesondere in Marktphasen mit plötzlichen Störungen sowie bei externen Schocks (Nachrichten, störende Ereignisse usw.).

Breakout-Handel

Bei dieser Strategie wird bevorzugt mit Wertpapieren gehandelt, die aus einem vordefinierten Kursbereich nach vorherigen Kursrückgängen und einer anschließenden Seitwärtsphase (= Konsolidierung) ausbrechen. Daytrader versuchen, von den hier typischerweise schnellen und signifikanten Preisbewegungen zu profitieren, die oft auf Breakouts (= Ausbrüche) folgen. Dabei durchbricht ein Vermögenswert eine zuvor festgelegte Widerstands- oder Unterstützungsebene, wobei dessen Preis über einen Widerstand oder unter eine Unterstützung steigt bzw. fällt, was auf eine mögliche Fortsetzung dieser Preisbewegung hindeutet. Typische Merkmale der Breakout-Handelsstrategie sind:

1. Identifizierung von Breakout-Niveaus: Trader suchen nach Preisniveaus, die historisch gesehen starke Widerstands- oder Unterstützungsebenen darstellen. Diese Niveaus sind durch vorherige Höchst- oder Tiefststände, Trendlinien, gleitende Durchschnitte oder andere technische Analysewerkzeuge bestimmt worden.

2. Einstiegspunkte festlegen: Sobald potenzielle Breakout-Niveaus identifiziert wurden, warten Trader auf den tatsächlichen Ausbruch des Preises über oder unter diesen Niveaus. Sie treten in den Markt ein, sobald der Ausbruch bestätigt wurde, um die erwartete Preisbewegung zu kassieren.

3. Stop-Loss-Orders setzen: Da Breakouts manchmal nicht nachhaltig sind und zu falschen Ausbrüchen führen, setzen Trader oft Stop-Loss-Orders, um potenzielle Verluste zu begrenzen, falls sich der Markt gegen sie dreht.

4. Gewinnmitnahmen: Trader nehmen oft Gewinne mit, sobald sich der Markt in ihre Richtung bewegt und der Ausbruch dabei bestätigt wird. Sie schließen ihre Position, wenn der Preis ein vordefiniertes Gewinnziel erreicht hat, oder verwenden bei fortgesetzter Preisbewegung Trailing-Stop-Orders, um Gewinne zu maximieren.

5. Bestätigung: Trader suchen oft nach einer Bestätigung, um sicherzustellen, dass der Ausbruch kein täuschendes, weil vorübergehendes Ereignis, sondern real ist. Bestätigungen können in Form von hohem Handelsvolumen, einer fortgesetzten Preisbewegung oder technischen Indikatoren erfolgen.

Breakout-Trading erfordert Geduld, Disziplin und ein solides Verständnis der technischen Analyse. Es ist wichtig, dass Trader vorsichtig sind und falsche Ausbrüche identifizieren, um potenzielle Verluste zu minimieren. Wie bei jeder Handelsstrategie gibt es auch hier eine Kehrseite: Die Möglichkeit, dass Breakouts scheitern und damit zu Verlusten führen können.

Range-Handel

Mit dieser Handelsstrategie werden Wertpapiere gehandelt, die sich in einem definierten Bereich bewegen. Trader kaufen am unteren Ende der Range (= Preisspanne) und verkaufen an deren oberen Ende, um von den wiederholten Kursbewegungen zu profitieren.

Der Range-Handel ist auch bekannt als Handel in einem Seitwärtsmarkt oder Handel in einer Handelsspanne. In einem Seitwärtsmarkt bewegt sich der Preis eines Vermögenswerts typischerweise zwischen einem festgelegten Widerstands- und Unterstützungsniveau, ohne einen klaren Trend in eine bestimmte Richtung zu zeigen. Dabei ist für den Range-Handel dieses Vorgehen charakteristisch:

1. Identifizierung der Handelsspanne: Trader suchen nach Vermögenswerten, die sich mit ihren Kursen in einem seitwärts gerichteten Handelsbereich bewegen, indem sie die Widerstands- und Unterstützungsniveaus ausmachen, zwischen denen der Preis länger hin und her schwankt. Diese Niveaus werden durch vorherige Höchst- und Tiefststände, Trendlinien oder technische Analysewerkzeuge bestimmt.

2. Einstiegspunkte festlegen: Sobald die Handelsspanne identifiziert wurde, warten Range-Trader darauf, dass der Preis das obere Ende der Spanne erreicht (Widerstand), um dann auf fallende Kurse zu setzen und „short" zu gehen, oder dass er das untere Ende der Spanne erreicht (Unterstützung), um dann von steigenden Kursen mit einer „Long"-Position zu profitieren.

3. Enges Risikomanagement: Range-Trader setzen oft eng (= nahe an aktuellen Kursen) gesetzte Stop-Loss-Orders, um potenzielle Verluste zu begrenzen, falls sich der Preis aus der Handelsspanne herausbewegt und der Markt sich gegen sie bewegt.

4. Gewinnmitnahmen: Range-Trader nehmen oft Gewinne mit, sobald der Preis das gegenüberliegende Ende der vordefinierten Handelsspanne erreicht hat. Sie schließen ihre Position, wenn der Preis das gegenüberliegende Widerstands- oder Unterstützungsniveau erreicht oder wenn sie Anzeichen dafür sehen, dass sich die Preisbewegung umkehrt.

5. Geduld und Disziplin: Range-Trading erfordert besonders viel Geduld und Disziplin, da Trader darauf warten müssen, dass der Preis in die Nähe eines der Niveaus innerhalb der vordefinierten Handelsspanne gelangt, um dann eine Handelsposition einzugehen. Sie müssen auch bereit sein, sich in einem länger als erwartet seitwärts verlaufenden Markt mit begrenzten Gewinnmöglichkeiten zu begnügen.

Range-Trading ist eine beliebte Strategie in Märkten mit geringer Volatilität oder in Zeiten, in denen der Markt keine klare Richtung zeigt. Riskant sind dabei immer wieder Marktphasen, in denen sich der Vermögenswert unerwartet früh aus der Handelsspanne herausbewegt und eine neue Richtung einschlägt. Daytrader sollten daher stets vorsichtig bleiben und ein striktes Risikomanagement einhalten, um potenzielle Verluste zu minimieren.

Fading

Hierbei wird gegen einen vorherrschenden Trend gehandelt. Daytrader suchen nach überkauften oder überverkauften Vermögenswerten und setzen darauf, dass sich deren Kurs in die entgegengesetzte Richtung korrigiert.

Die Fading-Handelsstrategie beim Daytrading ist eine Kontra-Trend-Strategie, die darauf abzielt, von kurzfristigen Überreaktionen des Marktes zu profitieren. Bei dieser Strategie gehen Trader davon aus, dass die zuvor erfolgten Kursbewegungen zu schnell und zu stark waren. Solche Kurs-Übertreibungen zeigen oft das Muster, dass sie sich kurzfristig umkehren. Fading-Trader suchen daher gezielt nach solchen auffälligen Bewegungen in den Märkten, um die anschließenden Kurskorrekturen abzuschöpfen. Bei der Fading-Handelsstrategie sind diese Schritte typisch:

1. Identifizierung übertriebener Bewegungen: Fading-Trader suchen nach Vermögenswerten, die eine starke und schnelle Preisbewegung in eine Richtung zeigen, sei es nach oben (überkauft) oder nach unten (überverkauft). Diese Bewegungen werden durch technische Indikatoren wie den Relative Strength Index (RSI), den stochastischen Oszillator oder andere Oszillatoren ermittelt.

2. Einstiegspunkte festlegen: Sobald eine übertriebene Bewegung identifiziert wird, warten Fading-Trader auf Anzeichen einer potenziellen Umkehrung. Sie können dann gegen den vorherrschenden Trend handeln und eine Position eingehen, die darauf setzt, dass sich der Markt kurzfristig dreht.

3. Enges Risikomanagement: Da Fading-Trading eine Kontra-Trend-Strategie ist, setzen Trader oft enge Stop-Loss-Orders, um potenzielle Verluste zu begrenzen, falls sich die übertriebene Bewegung weiter fortsetzt und der Markt sich nicht wie erwartet umkehrt.

4. Gewinnmitnahmen: Fading-Trader nehmen Gewinne mit, sobald sich der Markt in ihre Richtung bewegt und die übertriebene Bewegung korrigiert wird. Sie können ihre Position schließen, wenn der Preis ein vordefiniertes Zielniveau erreicht hat oder wenn sie Anzeichen dafür sehen, dass die Preisbewegung nachlässt.

5. Bestätigung: Wie bei anderen Handelsstrategien ist auch beim Fading-Trading eine Bestätigung wichtig, um sicherzustellen, dass die übertriebene Bewegung tatsächlich korrigiert wird. Dies kann durch die Analyse von Handelsvolumen, anderen technischen Indikatoren oder durch das Verhalten des Marktes selbst erfolgen.

Selbstverständlich ist auch diese Strategie nicht immer erfolgreich und mit Risiken verbunden. Es gilt auch hier: Vorsicht und striktes Risikomanagement, um potenzielle Verluste zu minimieren.

Arbitrage

Arbitrage beinhaltet den Kauf und Verkauf desselben oder ähnlicher Vermögenswerte auf verschiedenen Märkten, um von Preisunterschieden zu profitieren.

Beim Daytrading nutzen Trader dabei die Preisdifferenzen zwischen verschiedenen Märkten, Vermögenswerten oder Handelsplätzen profitabel aus. Der Arbitrage-Handel beruht auf der Idee, dass Vermögenswerte an verschiedenen Orten gleichzeitig zu unterschiedlichen Preisen gehandelt werden können, und zielt darauf ab, diese Unterschiede für risikofreie Gewinne auszunutzen. Das Vorgehen im Arbitrage-Handel ist wie folgt:

1. Identifizierung von Preisunterschieden: Arbitrageure suchen nach Vermögenswerten, die aktuell an verschiedenen Handelsplätzen oder in verschiedenen Märkten zu deutlich unterschiedlichen Preisen gehandelt werden. Diese Differenzen können zum Beispiel durch ineffiziente Märkte oder Verzögerungen bei der Informationsübertragung entstehen.

2. Schnelle Ausführung: Arbitrage-Handel erfordert eine hohe Reaktionsfähigkeit, da Preisunterschiede oft nur für kurze Zeit bestehen. Arbitrageure müssen in der Lage sein, schnell zu handeln, um die Preisunterschiede auszunutzen, bevor sie sich ausgleichen.

3. Arbitrage-Strategien: Es gibt verschiedene Arten von Arbitrage-Strategien, darunter:

- *Raum-Arbitrage:* Kauf eines Vermögenswerts an einem Ort und gleichzeitiger Verkauf desselben Vermögenswerts zu einem höheren Preis an einem anderen Ort.

- *Zeit-Arbitrage:* Ausnutzung von Preisunterschieden, die im Laufe der Zeit auftreten, wie zum Beispiel die Ausnutzung von Futures- und Spot-Preisunterschieden.

- *Intermarket-Arbitrage:* Ausnutzung von Preisunterschieden zwischen verwandten Vermögenswerten in verschiedenen Märkten oder an verschiedenen Handelsplätzen.

- *Statistische Arbitrage:* Bei der statistischen Arbitrage wird durch statistische Analysen festgestellt, dass sich die Preise von zwei verschiedenen Vermögenswerten (wie zwei Sorten Öl) normalerweise gekoppelt verhalten, jedoch gelegentlich davon abweichen. Diese Abweichungen können profitabel genutzt werden, indem man auf die Rückkehr zur normalen Preisbeziehung spekuliert.

4. Risikomanagement: Obwohl Arbitrage-Handel theoretisch als risikofrei gilt, da er Preisunterschiede ausnutzt, bestehen in der Praxis dennoch Risiken. Dazu zählen Ausführungsverzögerungen, Liquiditätsengpässe, Handelskosten und Marktschwankungen, die die Rentabilität beeinträchtigen können. Arbitrageure müssen diese Faktoren berücksichtigen und geeignete Risikomanagementstrategien anwenden, um Verluste zu vermeiden.

Erstellung eines Handelsplans

Indem man einen klaren und gut durchdachten Handelsplan erstellt und ihn regelmäßig überprüft sowie aktualisiert, werden die Chancen auf Erfolg beim Daytrading maximiert und eigene Handelsziele effektiv verfolgt. Ein solider Handelsplan dient als Leitfaden für die täglichen Handelsaktivitäten und hilft, fokussiert auf das Geschäft zu bleiben, diszipliniert zu handeln und möglichst rational zu entscheiden.

Ein Handelsplan beim Daytrading ist ein strukturiertes Dokument, das die Handelsziele, Strategien, Regeln und Verfahren festlegt, die ein Trader befolgt, um erfolgreich zu sein. Ein solcher Plan hilft dabei, Emotionen zu kontrollieren, Disziplin aufrechtzuerhalten und klare Handelsentscheidungen zu treffen. Hier ist ein Beispiel für die Bestandteile eines Handelsplans im Daytrading:

1. Handelsziele: Definieren Sie klare und erreichbare Ziele für das Trading, sowohl kurzfristig als auch langfristig. Dies wären zum Beispiel finanzielle Ziele wie das Erreichen eines bestimmten monatlichen Gewinns oder die Steigerung des Handelskapitals. Es können auch Ziele zur Verbesserung der täglichen Handelsfähigkeiten oder zur Risikominderung sein.

2. Handelsstrategie: Im Handelsplan sollten Sie die bevorzugte Handelsstrategie oder -strategien detailliert beschreiben. Dies könnte eine Trendfolge-, Breakout-, Scalping- oder eine andere Strategie sein, die zu den persönlichen Präferenzen passt. Erklären Sie dabei, wie mögliche Handelsgelegenheiten identifiziert werden, wie Ein- und Ausstiegspunkte festgelegt werden und wie sicheres Risikomanagement angewendet wird.

3. Risikomanagement: Definieren Sie klare Regeln für das eigene Risikomanagement, einschließlich der maximalen Positionsgröße, des Risikos pro Trade und der Verwendung von Stop-Loss-Orders. Beschreiben und bestimmen Sie dabei, wie hoch die persönliche Risikotoleranz ist und wie potenzielle Verluste begrenzt werden sollen. Setzen Sie dabei klare Regeln für Stop-Loss-Orders, Positionsgrößen und Risiko-Ertrags-Verhältnisse. Stellen Sie sicher, dass das Risikomanagement Ihre Handelsziele unterstützt und Sie vor übermäßigen Verlusten schützt.

4. Handelsregeln: Listen Sie spezifische Handelsregeln auf, die zu befolgen sind, um in sich schlüssige und disziplinierte Entscheidungen zu treffen. Dies könnten die Verwendung technischer Indikatoren, ein Zeitrahmen für den Handel, Regeln für den Umgang mit Nachrichten und Ereignissen sowie psychologische (Mindset) oder physische (Fitness) Aspekte sein.

5. Handelsinstrumente auswählen: Entscheiden Sie, welche Märkte und Handelsinstrumente gehandelt werden sollen. Berücksichtigen Sie dabei die eigene Erfahrung und das Wissen über diese Märkte sowie die Liquidität (= jederzeitige Verfügbarkeit) und Schwankungsfreudigkeit der gehandelten Instrumente.

6. Handelszeiten und Handelsaktivitäten planen: Bestimmen Sie, zu welchen Zeiten gehandelt werden soll und wie viel Zeit für das Trading verfügbar sein oder eingeräumt werden soll. Planen Sie auch die eigenen Handelsaktivitäten, einschließlich der Analyse der Märkte, der Ausführung von Trades und der Überwachung offener Positionen.

7. Gewinnmitnahmen: Beschreiben Sie Ihre Strategie für Gewinnmitnahmen, einschließlich der Gewinnziele und der Methoden, die Sie verwenden, um die Gewinne zu sichern. Dies könnte das Setzen von Take-Profit-Orders, das Verwenden von Trailing-Stop-Orders oder das manuelle Schließen von Positionen umfassen. Definieren Sie klare Regeln für den Ein- und Ausstieg aus Trades. Überlegen Sie, welche technischen Indikatoren, Chartmuster oder andere Signale Sie verwenden, um Ein- und Ausstiegspunkte festzulegen.

8. Backtesting und Optimierung: Testen Sie Ihre Handelsstrategien und Regeln anhand historischer (vergangener) Daten, um deren Rentabilität und Zuverlässigkeit zu überprüfen. Optimieren Sie die Strategien mittels der Ergebnisse des Backtestings und stellen Sie sicher, dass sie in verschiedenen Marktbedingungen robust sind.

9. Überprüfung und Anpassung: Überprüfen Sie Ihren Handelsplan regelmäßig und passen Sie ihn bei Bedarf an. Analysieren Sie die Trading-Ergebnisse, identifizieren Sie Bereiche, in denen Verbesserungen notwendig sind, und aktualisieren Sie den Handelsplan entsprechend. Ein kontinuierlicher Verbesserungsprozess hilft Ihnen, auf Marktveränderungen zu reagieren und Ihre Handelsstrategien zu optimieren.

10. Handelsjournal: Führen Sie ein detailliertes Handelsjournal, in welchem Sie Ihre Handelsaktivitäten dokumentieren. Dazu gehören auch Ihre persönlichen Gedanken, Emotionen, Handelsentscheidungen, Ein- und Ausstiegspunkte sowie die Ergebnisse jedes Trades. Verwenden Sie diese Daten, um die eigene Leistung zu analysieren, Muster zu erkennen und kontinuierlich zu lernen sowie sich zu verbessern.

Beispiel Handelsplan

Hier ist ein vereinfachtes Beispiel für einen Handelsplan:

- *Handelsziel:* Erzielen eines durchschnittlichen monatlichen Gewinns von 5 %.
- *Handelsstrategie:* Trendfolge-Handelsstrategie auf Basis des MACD.
- *Risikomanagement:*
  a) Maximal 2 % des Handelskontos pro Trade riskieren.
  b) Verwendung von Stop-Loss-Orders, um Verluste auf maximal 1 % des Handelskontos zu begrenzen.

- *Handelsregeln:*
  a) Einen Aufwärtstrend dadurch identifizieren, dass der kürzere gleitende Durchschnitt den längeren gleitenden Durchschnitt überschreitet.
  b) Positionseinstieg, wenn der Preis über dem kurzfristigen gleitenden Durchschnitt liegt und dieser sich vom längeren gleitenden Durchschnitt abhebt.
  c) Gewinne realisieren, indem man das vorherige Swing-Hoch als Take-Profit-Level festlegt.
  d) Nur während der ersten vier Stunden des Handelstages handeln.

- *Gewinnmitnahmen:*
  a.) Ein Take-Profit-Ziel von 2 % für jeden Trade setzen.
  b.) Trailing-Stop-Orders verwenden, um Gewinne zu sichern und potenzielle Gewinne zu maximieren.

- *Handelsjournal:* Jeden Trade mit Ein- und Ausstiegspunkten, Ergebnissen und den Gründen für die Handelsentscheidung dokumentieren.

Ein solcher Handelsplan bietet eine klare Struktur und Richtlinien, um das eigene Daytrading zu organisieren sowie zu verbessern. Es ist wichtig, dass der eigene Handelsplan regelmäßig überprüft und angepasst wird. Das ist besonders aufgrund der sich permanent ändernden Marktbedingungen und der eigenen Erfahrungszuwächse wichtig.

5.
Risikomanagement und Handelspsychologie

Daytrading erfordert nicht nur technische Fähigkeiten und Marktkenntnisse, sondern auch ein starkes Risikomanagement und eine ausgeprägte Handelspsychologie. Diese beiden Elemente sind entscheidend, um langfristig erfolgreich zu sein und die unvermeidlichen Höhen und Tiefen des Marktes zu bewältigen. Ein effektives Risikomanagement schützt das Handelskapital und ermöglicht es Tradern, kontrollierte und fundierte Entscheidungen zu treffen, während die Handelspsychologie dabei hilft, emotionale und psychologische Hürden zu überwinden, die den Handelserfolg beeinträchtigen können. In diesem Kapitel werden die wesentlichen Prinzipien und Techniken des Risikomanagements sowie Strategien zur Stärkung der mentalen und emotionalen Disziplin beim Daytrading detailliert behandelt.

Maximales Risiko und Positionsgrößen

Das maximale Risiko beim Daytrading bezieht sich auf den maximalen Betrag oder Prozentsatz des Handelskontos, den ein Trader bereit ist, bei einem einzelnen Trade zu riskieren. Es ist wichtig, das maximale Risiko zu bestimmen, um sicherzustellen, dass potenzielle Verluste innerhalb der individuellen Risikotoleranz liegen und das Handelskapital geschützt bleibt.

Risikobestimmung

Um das maximale Risiko zu bestimmen, verwenden Trader verschiedene Ansätze:

1. Prozentuale Risikoberechnung: Viele Trader verwenden eine prozentuale Risikoberechnung, bei der sie einen festen Prozentsatz ihres Handelskontos pro Trade riskieren. Zum Beispiel können Trader festlegen, dass sie nur 1 % oder 2 % ihres Handelskontos pro Trade riskieren. Auf diese Weise passt sich das Risiko automatisch an die Größe des Handelskontos an.

Beispiel: Angenommen, Sie haben ein Handelskonto im Wert von 10.000 € und sind bereit, maximal 1 % des Kapitals pro Trade zu riskieren. Das bedeutet, dass das maximale Risiko pro Trade 10.000 € * 1 % = 100 € beträgt.

Nun möchten Sie eine Long-Position auf das Währungspaar EUR/USD eingehen, das bei 1,1500 gehandelt wird. Sie setzen ein Stop-Loss-Niveau bei 20 Pips unterhalb des Einstiegskurses. Der Wert eines Pips für ein Standard-Lot (100.000 Einheiten der Basiswährung) wird wie folgt berechnet:

$$\text{Pip-Wert} = (0{,}0001 \times \text{Positionsgröße}) / \text{aktueller Kurs}$$

$$\text{Pip-Wert} = (0{,}0001 \times 100.000) / 1{,}1500 = 8{,}70 \, € \text{ pro Pip}$$

Da Ihr Stop-Loss-Niveau 20 Pips unterhalb des Einstiegskurses liegt, beträgt das Risiko:

$$\text{Risiko in Euro} = \text{Pip-Wert} \times \text{Anzahl der Pips} = 8{,}70 \, € \times 20 \, \text{Pips} = 174 \, €$$

Da Ihr maximales Risiko pro Trade jedoch nur 100 € betragen soll, müssen Sie die eigene Positionsgröße reduzieren, um dieses Risiko einzuhalten. Sie können die Positionsgröße wie folgt anpassen, damit das Risiko pro Trade 100 € beträgt:

$$\text{Maximales Risiko pro Trade} = \text{Positionsgröße (in Lots)} \times \text{Pip-Wert}$$

$$100 \, € = \text{Positionsgröße} \times (8{,}70 \, € \times 20 \, \text{Pips})$$

$$\text{Positionsgröße (in Lots)} = 100 \, € / 8{,}70 \, € \times 20 = 0{,}575 \, \text{Standard-Lots}$$

Das entspricht 5,75 Mini-Lots (oder 57.500 Einheiten der Basiswährung). Mit dieser Anpassung halten Sie das maximale Risiko pro Trade von 100 € bei einem 20-Pip-Stop-Loss ein.

2. **Schwankungsbezogene (= volatilitätsbasierte) Risikoberechnung:** Einige Trader passen ihr maximales Risiko der Schwankungsanfälligkeit (= Volatilität) des gehandelten Vermögenswerts an. Bei volatileren Vermögenswerten reduzieren Trader ihr Risiko, um größere Verluste zu vermeiden, während sie bei weniger schwankungsanfälligen Vermögenswerten möglicherweise bereit sind, etwas mehr zu riskieren.

Beispiel: Eine volatilitätsbasierte Risikoberechnung beim Daytrading kann mithilfe von Volatilitätsindikatoren wie dem Average True Range (ATR) durchgeführt werden. Der ATR misst die durchschnittliche tägliche Handelsspanne eines Vermögenswerts über einen bestimmten Zeitraum und kann verwendet werden, um potenzielle Risiken und Stop-Loss-Niveaus zu bestimmen.

Hier ein Beispiel für das Daytrading unter Verwendung des ATR: Angenommen, Sie handeln – wie im vorigen Beispiel – das Währungspaar EUR/USD. Sie betrachten den 14-tägigen ATR für dieses Währungspaar und stellen fest, dass der aktuelle Wert bei 0,0030 liegt (was 30 Pips entspricht). Sie entscheiden sich, eine Long-Position einzugehen und möchten ein angemessenes Stop-Loss-Niveau festlegen, das auf der Volatilität des Marktes basiert. Daher beschließen Sie, das Stop-Loss-Niveau auf das 1,5-fache des aktuellen ATR zu setzen. Das Stop-Loss-Niveau würde also sein:

$$\text{Stop-Loss-Niveau} = \text{Aktueller Preis} - (1{,}5 \times \text{ATR})$$

Angenommen, der aktuelle Preis für EUR/USD beträgt 1,0700:

$$\text{Stop-Loss-Niveau} = 1{,}0700 - (1{,}5 \times 0{,}0030)$$

$$\text{Stop-Loss-Niveau} = 1{,}0700 - 0{,}0045$$

$$\text{Stop-Loss-Niveau} = 1{,}0655$$

Das bedeutet, dass Sie Ihr Stop-Loss-Niveau bei 1,0655 setzen würden, um die Volatilität des Marktes angemessen zu berücksichtigen. Auf diese Weise gründet das eigene Risiko auf der Volatilität des Vermögenswerts, was es Ihnen ermöglicht, potenzielle Verluste zu begrenzen, während Sie gleichzeitig die Marktbewegungen im Blick halten.

3. **Stop-Loss-Orders verwenden:** Daytrader können Stop-Loss-Orders setzen, um ihr maximales Risiko pro Trade zu begrenzen. Indem sie den Stop-Loss auf einem bestimmten Preisniveau festlegen, bestimmen sie den maximalen Verlust, den sie bereit sind, einzugehen. Das Handelsvolumen wird dann auf Basis dieses maximalen Verlustes und des Einstiegspreises bestimmt.

4. **Persönliche Risikotoleranz:** Jeder Daytrader hat seine persönliche Risikotoleranz, die bestimmt, wie viel Risiko er bereit ist, bei jedem Trade einzugehen. Diese Risikotoleranz kann von Faktoren wie der Größe des Handelskontos, der Handelserfahrung, den finanziellen Zielen und der psychologischen Bereitschaft abhängig sein.

Wichtig: Um das maximale Risiko zu bestimmen, ist es wichtig, eine Methode zu wählen, die zur individuellen Situation und Risikotoleranz passt. Es ist auch wichtig, das Risikomanagement strikt einzuhalten und sich nicht von Emotionen wie Gier oder Angst beeinflussen zu lassen. Durch die Festlegung eines klaren maximalen Risikos pro Trade schützen Trader ihr Handelskapital und bleiben langfristig erfolgreich.

Die richtige Positionsgröße

Diese zu bestimmen, ist beim Daytrading ein entscheidender Faktor, um das Risiko zu kontrollieren sowie das Handelskapital dauerhaft zu schützen. Hier sind einige Schritte, um die richtige Positionsgröße zu bestimmen:

1. **Berechnen Sie das maximale Risiko pro Trade:** Bestimmen Sie zuerst das maximale Risiko, das Sie bei einem einzelnen Trade eingehen möchten. Dies kann ein fester Prozentsatz des eigenen Handelskontos sein, wie zum Beispiel 1 % oder 2 %, oder ein bestimmter Betrag.

2. **Bestimmen Sie den Stop-Loss-Abstand:** Definieren Sie den Abstand zwischen dem eigenen Einstiegspunkt und dem Stop-Loss-Niveau. Der Stop-Loss wird in der Regel auf Basis technischer Analysen oder der Marktschwankungen festgelegt, um potenzielle Verluste zu begrenzen.

3. Berechnen Sie die Positionsgröße: Dividieren Sie das maximale Risiko pro Trade durch den Stop-Loss-Abstand, um die Positionsgröße zu bestimmen. Die Formel lautet:

Positionsgröße = Maximales Risiko pro Trade / Stop-Loss-Abstand

Wenn zum Beispiel Ihr maximales Risiko pro Trade 200 € und der Stop-Loss-Abstand 20 Cent beträgt, beträgt die Positionsgröße:

Positionsgröße = 200 € / 0,20 € = 1.000 Aktien

4. Berücksichtigen Sie stets den Handelskontostand: Stellen Sie sicher, dass die berechnete Positionsgröße im Verhältnis zum eigenen Handelskapital angemessen ist. Eine zu große Positionsgröße kann zu übermäßigen Verlusten führen, während eine zu kleine Positionsgröße möglicherweise nicht ausreicht, um die eigenen Handelsziele zu erreichen.

6. Überprüfen Sie die Handelsliquidität: Achten Sie darauf, dass die Positionsgröße nicht so groß ausfällt, dass sie die Liquidität des Marktes überwältigt. Bei weniger liquiden Märkten kann es schwieriger sein, große Positionen zu handeln, ohne den Preis zu beeinflussen. Dies ist zum Beispiel oft bei kleinen Börsenhandelsplätzen und Aktien mit geringen Stückzahlen der Fall.

5. Risikomanagement anpassen: Passen Sie die Positionsgröße entsprechend an, wenn sich die eigene Risikotoleranz oder die Marktbedingungen geändert haben. Verwenden Sie eine in sich schlüssige Risikomanagementmethode, um Ihr Handelskapital zu schützen.

Mithilfe dieser Schritte kann die richtige Positionsgröße beim Daytrading bestimmt werden, um auf diese Weise das Risiko zu kontrollieren und die eigenen Handelsziele zu erreichen. Es ist wichtig, diese Berechnungen vor jedem Trade sorgfältig durchzuführen, um sicherzustellen, dass Handelspositionen angemessen groß bleiben und die eigenen finanziellen Ziele nicht „unter die Räder" kommen.

Im Folgenden finden Sie zwei Beispiele zur Bestimmung der richtigen Positionsgröße beim Daytrading:

Beispiel: Verwendung eines prozentualen Risikos

Angenommen, Sie haben ein Handelskonto im Wert von 10.000 € und möchten maximal 1 % des Kapitals pro Trade riskieren. Sie handeln Aktien, und der durchschnittliche Abstand zwischen dem Einstiegspunkt und dem Stop-Loss-Niveau beträgt 0,50 €.

Das maximale Risiko pro Trade lässt sich wie folgt berechnen:

$$\text{Maximales Risiko} = \text{Handelskonto} \times \text{prozentuales Risiko}$$

$$\text{Maximales Risiko} = 10.000 \text{ €} \times 0,01 = 100 \text{ €}$$

Berechnung der Positionsgröße:

$$\text{Positionsgröße} = \text{Maximales Risiko pro Trade} / \text{Stop-Loss-Abstand}$$

$$\text{Positionsgröße} = 100 \text{ €} / 0,50 \text{ €} = 200 \text{ Aktien}$$

Also sollten Sie in diesem Beispiel 200 Aktien kaufen, um das maximale Risiko von 100 € bei diesem Trade nicht zu überschreiten.

Beispiel: Verwendung eines festen Risikobetrags

Angenommen, Sie handeln im Währungsbereich (Forex) und möchten einen festen Betrag von 150 € pro Trade riskieren. Der durchschnittliche Stop-Loss-Abstand beträgt 25 Pips.

Berechnung der Positionsgröße:

$$\text{Positionsgröße} = \text{Fester Risikobetrag} / \text{Stop-Loss-Abstand in Pips} \times \text{Pip-Wert}$$

Angenommen, der Pip-Wert pro Standard-Lot für das Währungspaar beträgt 10 €:

$$\text{Positionsgröße} = 150 \text{ €} / 25 \times 10 \text{ €} = 0,6 \text{ Lots}$$

Also sollten Sie in diesem Beispiel 0,6 Standard-Lots handeln, um das maximale Risiko von 150 € bei diesem Trade nicht zu überschreiten.

Diese Beispiele verdeutlichen, wie Sie die richtige Positionsgröße beim Daytrading unter Verwendung verschiedener Risikoberechnungsmethoden bestimmen können. Es ist wichtig, diese Berechnungen vor jedem Trade durchzuführen, um das persönliche Risiko zu kontrollieren und das Handelskapital nachhaltig zu sichern.

Setzen von Stop-Loss-Orders

Stop-Loss-Orders sind Aufträge, die von Daytradern platziert werden, um potenzielle Verluste zu begrenzen, indem sie eine Position automatisch schließen, wenn der Preis eines Wertpapiers einen bestimmten vordefinierten Wert erreicht.

Stop-Loss-Orders sind daher ein wichtiger Bestandteil des Risikomanagements beim Daytrading. Sie helfen dabei, Emotionen wie Gier und Angst zu kontrollieren, und ermöglichen es den Tradern, ihre Verluste zu begrenzen und sich auf das Wesentliche zu konzentrieren – eben das Finden und Ausnutzen von Handelsgelegenheiten.

Es gibt *verschiedene Arten von Stop-Loss-Orders*, darunter:

1. Stop-Market-Order: Diese Order wird zu einem vordefinierten Stop-Preis ausgelöst und in eine Market-Order umgewandelt, die zum nächsten verfügbaren Marktpreis ausgeführt wird.

2. Stop-Limit-Order: Diese Order wird zu einem vordefinierten Stop-Preis ausgelöst und in eine Limit-Order umgewandelt, die nur zu einem festgelegten Preis oder einem besseren ausgeführt wird.

3. Trailing-Stop-Order: Diese Order wird dynamisch an den aktuellen Marktpreis angepasst. Wenn sich der Marktpreis in die gewünschte Richtung bewegt, wird der Stop-Preis entsprechend nachgezogen, um potenzielle Gewinne zu sichern. Wenn sich der Marktpreis jedoch gegen den Trader bewegt, bleibt der Stop-Preis unverändert.

Es ist wichtig, Stop-Loss-Orders mit Bedacht zu platzieren und sicherzustellen, dass sie angemessen sind, um potenzielle Verluste zu begrenzen und keine unnötigen Risiken einzugehen.

Wie erfolgt das richtige Setzen von Stop-Loss-Orders? Hier sind einige Schritte, wie Stop-Loss-Orders optimal platziert werden können:

1. Bestimmen Sie das Stop-Loss-Niveau: Identifizieren Sie den Punkt, an dem Sie bereit sind, die Position zu schließen, wenn der Markt sich gegen Sie bewegt. Dieses Niveau sollte auf fundierten Analysen, technischen Indikatoren oder Handelssignalen basieren.

2. Berücksichtigen Sie die Volatilität: Achten Sie stets darauf, dass das Stop-Loss-Niveau an die Volatilität des Marktes und des gehandelten Vermögenswerts angepasst ist. Bei volatileren Märkten kann es sinnvoll sein, den Stop-Loss weiter unten zu setzen, um unnötiges Ausstoppen („Stop-Outs") zu vermeiden.

3. Positionieren Sie die Stop-Loss-Order: Platzieren Sie die Stop-Loss-Order nicht zu nah am eigenen Einstiegspunkt, aber dennoch nah genug, um potenzielle Verluste zu begrenzen.

4. Berücksichtigen Sie Schlüsselniveaus: Achten Sie auf wichtige Unterstützungs- und Widerstandsniveaus sowie andere technische Marktniveaus, wenn Sie das eigene Stop-Loss-Niveau festlegen. Ein Stop-Loss, der knapp unterhalb eines wichtigen Unterstützungsniveaus liegt, kann das Risiko minimieren, dass er durch normale Marktschwankungen ausgelöst wird. Gleichzeitig bietet diese Platzierung zusätzlichen Schutz vor größeren Verlusten bei einem Unterstützungsbruch.

Im Folgenden finden Sie zwei Beispiele zur Platzierung von Stop-Loss-Orders.

Beispiel zur Breakout-Handelsstrategie

Angenommen, Sie handeln eine Breakout-Strategie und kaufen eine Aktie, die über ihr Widerstandsniveau ausbricht. Dabei setzen Sie eine Stop-Loss-Order unter das Durchbruchsniveau, um potenzielle Verluste zu begrenzen, falls der Ausbruch scheitert.

Beispiel:
- Durchbruch über das Widerstandsniveau: 50,00 €
- Kaufpreis: 52,00 €
- Stop-Loss-Niveau: 49,50 €

In diesem Beispiel setzen Sie ein Stop-Loss-Niveau 50 Cent unter das Durchbruchsniveau von 50,00 €, um einen Teil Ihrer Position zu schließen, falls der Markt sich gegen Sie wendet.

Beispiel zur Trendfolge-Handelsstrategie

Hier nehmen wir an, dass Sie eine Trendfolgestrategie handeln und eine Aktie kaufen, die sich in einem Aufwärtstrend befindet. Sie setzen eine Stop-Loss-Order unter das jüngste Tief im Trend, um potenzielle Verluste zu begrenzen, falls der Trend bricht.

- Tiefpunkt im Trend: 45,00 €
- Kaufpreis: 47,00 €
- Stop-Loss-Niveau: 44,50 €

In diesem Beispiel setzen Sie ein Stop-Loss-Niveau 50 Cent unter das jüngste Tief von 45,00 €, um einen Teil Ihrer Position zu schließen, falls sich der Aufwärtstrend umkehrt.

Die Beispiele zeigen also, wie man Stop-Loss-Orders entsprechend der eigenen Handelsstrategie und Risikotoleranz platzieren kann, um potenzielle Verluste zu begrenzen und das eingesetzte Kapital zu schützen.

Emotionales Management

Auch die mentale und emotionale Seite des Handels ist wichtig. Es geht darum, wie Emotionen und mentale Zustände die Handelsentscheidungen eines Traders beeinflussen können. Die Handelspsychologie ist ein entscheidender Aspekt des erfolgreichen Daytradings, da sie beeinflusst, wie ein Trader die Märkte interpretiert, Entscheidungen trifft und auf Gewinne oder Verluste reagiert.

Emotionales Management beim Daytrading bezieht sich auf die Fähigkeit eines Traders, seine Emotionen zu erkennen, zu kontrollieren und konstruktiv damit umzugehen, während er die Märkte handelt. Da der Handel mit Finanzmärkten oft stressig, volatil und schnelllebig ist, ist es entscheidend, emotionale Reaktionen wie Gier, Angst, Übermut und Frustration zu bewältigen, um rationale und disziplinierte Handelsentscheidungen zu treffen.

Emotionales Management beim Daytrading kann die Fähigkeit eines Traders verbessern, kluge und rationale Handelsentscheidungen zu treffen. Hier sind einige Beispiele für emotionales Management beim Daytrading und deren praktische Umsetzung:

1. Selbstbewusstsein entwickeln

Ein wichtiger Schritt beim emotionalen Management ist es, sich seiner eigenen Emotionen bewusst zu sein und zu erkennen, wie sie sich auf das Handeln auswirken. Dies erfordert Selbstreflexion und die Fähigkeit, die eigenen emotionalen Reaktionen auf Marktbewegungen zu identifizieren. Praktische Umsetzung: Führen Sie regelmäßig Selbstreflexionen durch, um die emotionalen Reaktionen auf Trades zu analysieren. Führen Sie ein Handelstagebuch, in dem Sie Gedanken und Gefühle während des Handels festhalten.

Ein Handelstagebuch beim Daytrading ist ein wichtiges Werkzeug, um die eigenen Handelsaktivitäten zu verfolgen, Erfahrungen zu reflektieren und die eigene Leistung zu verbessern. Hier sind einige wichtige Punkte, die in ein Handelstagebuch aufgenommen werden sollten:

- Datum und Uhrzeit des Trades: Notieren Sie das Datum und die Uhrzeit jedes Trades, um einen klaren Zeitstempel für die Handelsaktivitäten zu haben.
- Gehandeltes Instrument: Notieren Sie das gehandelte Instrument, sei es eine Währung, eine Aktie, ein Rohstoff oder ein anderes Finanzprodukt.
- Handelsrichtung: Geben Sie an, ob Sie eine Long- (in Erwartung steigender Kurse) oder Short-Position (in Erwartung fallender Kurse) eingegangen sind.
- Ein- und Ausstiegspunkte: Notieren Sie den Einstiegskurs und den Ausstiegskurs für jeden Trade. Dies ermöglicht es Ihnen, die Handelsentscheidungen nachvollziehbar und analysierbar zu halten.
- Positionsgröße: Dokumentieren Sie die Größe einer Position in Lots, Aktien oder anderen Einheiten, die Sie gehandelt haben.
- Grund für den Trade: Beschreiben Sie kurz Ihre Handelsstrategie oder die Gründe dafür, warum Sie einen Trade eingegangen sind. Dies kann unter anderem technische Analysen oder Fundamentaldaten umfassen.

- Stop-Loss- und Take-Profit-Niveaus: Notieren Sie die festgelegten Stop-Loss- und Take-Profit-Niveaus für jeden Trade.
- Resultat des Trades: Dokumentieren Sie den Gewinn oder Verlust für jeden Trade sowie die tatsächliche Performance im Vergleich zu den gesetzten Zielen.
- Erfahrungen und Beobachtungen: Machen Sie sich Notizen zu den Erfahrungen während des Trades, einschließlich Emotionen, Marktbewegungen und anderen relevanten Beobachtungen.
- Lektionen und Verbesserungen: Reflektieren Sie über jeden Trade und identifizieren Sie Lektionen, die Sie daraus lernen können. Überlegen Sie, was gut gelaufen ist und was noch verbessert werden könnte.

Beispiel eines Handelstagebuchs:

- Datum und Uhrzeit des Trades: 14. März 2024, 10:30 Uhr
- Gehandeltes Instrument: EUR/USD
- Handelsrichtung: Long
- Einstiegspunkt: 1,1520
- Ausstiegspunkt: 1,1550
- Positionsgröße: 1 Mini-Lot
- Grund für den Trade: Breakout über Widerstandsniveau
- Stop-Loss-Niveau: 1,1490
- Take-Profit-Niveau: 1,1580
- Resultat des Trades: Gewinn von 30 €
- Erfahrungen und Beobachtungen: „Der Trade verlief erfolgreich, da der Kurs über den Widerstand stieg. Ich habe jedoch bemerkt, dass ich beim Einstieg etwas zögerlich war und das Stop-Loss-Niveau hätte enger setzen können."
- Lektionen und Verbesserungen: „Ich muss schneller auf Breakout-Signale reagieren und mein Risikomanagement verbessern, indem ich Stop-Loss-Niveaus enger setze."

2. Emotionale Kontrolle

Diese ist entscheidend, um impulsives Handeln zu vermeiden und rationale Entscheidungen zu treffen. Es bedeutet auch, Emotionen wie Gier, Angst und Übermut zu erkennen und zu lernen, sie zu kontrollieren. Praktische Umsetzung: Verwenden Sie Atemübungen, Meditation oder andere

Techniken zum Stressabbau, um Ihre Emotionen zu beruhigen und einen klaren Kopf zu bewahren. Bevor Sie einen Trade platzieren, überprüfen Sie die eigenen Emotionen und fragen Sie sich, ob Sie rational handeln oder von Emotionen geleitet werden.

3. Risikotoleranz bestimmen

Jeder Trader hat eine individuelle Risikotoleranz, die bestimmt, wie viel Risiko er bereit ist, bei einem Trade einzugehen. Ein wichtiger Teil des emotionalen Managements besteht darin, die eigene Risikotoleranz zu bestimmen und entsprechend zu handeln. Praktische Umsetzung: Setzen Sie sich klare Regeln für das Risikomanagement, einschließlich der maximalen Positionsgröße und des maximalen Risikos pro Trade. Verwenden Sie Stop-Loss-Orders, um potenzielle Verluste zu begrenzen und die Risikotoleranz einzuhalten.

4. Fokus und Disziplin aufrechterhalten

Der Handel erfordert Konzentration und Disziplin, um erfolgreich zu sein. Emotionales Management beinhaltet die Fähigkeit, den Fokus aufrechtzuerhalten und dem Handelsplan zu folgen, auch wenn der Markt stark schwankungsanfällig ist. Praktische Umsetzung: Erstellen Sie einen fundierten Handelsplan mit klaren Regeln und Strategien. Üben Sie Disziplin, indem Sie sich strikt an den Handelsplan halten und nicht durch impulsive Handelsentscheidungen davon abweichen.

Beispiel für einen Handelsplan:

- Jeden Morgen vor der New York Session die Marktbedingungen und potenziellen Handelsmöglichkeiten analysieren.
- Überprüfen der Wirtschaftsdaten und Ereignisse, die die Forex-Paare beeinflussen könnten.
- Während der New York Session auf starke Trends und Breakouts achten.
- Für jeden Trade das Risiko basierend auf der Handelsgröße und dem Stop-Loss-Niveau festlegen, um sicherzustellen, dass das Risiko auf maximal 1 % des Kontos begrenzt ist.
- Vor jedem Trade einen klaren Einstiegs-, Stop-Loss- und Take-Profit-Punkt festlegen.

- Das Handelstagebuch regelmäßig aktualisieren und Trades analysieren, um Lektionen zu lernen und die Handelsstrategien zu verbessern.
- Disziplin und Geduld bewahren, um dem Handelsplan konsequent zu folgen und impulsives Handeln zu vermeiden.

Risikomanagement:

- Maximal 1 % des Handelskontos pro Trade riskieren.
- Stop-Loss-Niveau basierend auf technischen Niveaus und Volatilität festlegen.
- Positionsgröße anpassen, um das Risiko pro Trade zu kontrollieren.
- Verluste akzeptieren und sich nicht emotional von ihnen beeinflussen lassen.

Dies ist nur ein Beispiel für einen kombinierten Handelsplan beim Daytrading. Er kann an die individuellen Präferenzen und Erfahrungen des Traders angepasst werden.

5. Geduld entwickeln

Geduld ist eine wichtige Eigenschaft beim Daytrading, da nicht jeder Trade erfolgreich sein wird und Gewinne Zeit brauchen, um sich zu entwickeln. Emotionales Management beinhaltet die Fähigkeit, geduldig zu bleiben und auf die richtigen Handelsgelegenheiten zu warten. Praktische Umsetzung: Setzen Sie sich klare Kriterien für den Ein- und Ausstieg in Trades und seien Sie geduldig, bis diese Kriterien erfüllt sind. Vermeiden Sie unbedingt übermäßiges Handeln und warten Sie auf klare Signale, bevor Sie einen Trade platzieren.

Im Folgenden finden Sie einige häufig verwendete Kriterien für den Ein- und Ausstieg.

Einstiegskriterien:

- Verwenden Sie technische Indikatoren wie gleitende Durchschnitte, Relative Strength Index (RSI), Moving Average Convergence Divergence (MACD) oder Stochastik-Oszillator, um Handelssignale zu erzeugen. Zum Beispiel könnten Long-Einstiege erfolgen, wenn der

Kurs über einem gleitenden Durchschnitt liegt und der RSI überverkauft ist.

- Achten Sie auf charttechnische Muster wie Breakouts, Pullbacks, Dreiecke oder Flaggen, um potenzielle Eintrittspunkte zu identifizieren. Zum Beispiel könnte ein Long-Einstieg erfolgen, wenn der Kurs aus einem bullischen Flaggenmuster ausbricht.

- Berücksichtigen Sie wichtige Unterstützungs- und Widerstandsniveaus im Chart und suchen Sie nach Trades, die in der Nähe dieser Niveaus liegen. Zum Beispiel könnte ein Long-Einstieg erfolgen, wenn der Kurs an einem starken Unterstützungsniveau abprallt.

- Berücksichtigen Sie fundamentale Faktoren wie Wirtschaftsdaten, Unternehmensnachrichten oder geopolitische Ereignisse, um Handelsentscheidungen zu treffen. Zum Beispiel könnten Long-Einstiege basierend auf positiven Wirtschaftsdaten oder guten Quartalsberichten getroffen werden.

Ausstiegskriterien:

- *Festgelegtes Risiko-Ertrags-Verhältnis:* Setzen Sie klare Stop-Loss- und Take-Profit-Niveaus basierend auf einem festgelegten Risiko-Ertrags-Verhältnis. Zum Beispiel könnte das Ziel ein 2:1-Risiko-Ertrags-Verhältnis sein, was bedeutet, dass das Potenzial für Gewinne doppelt so hoch wie das Risiko ist.

- *Technische Indikatoren:* Verwenden Sie technische Indikatoren oder Trendlinien, um potenzielle Umkehrpunkte oder Trendschwächungen zu identifizieren. Zum Beispiel könnte ein Ausstieg erfolgen, wenn der Kurs das obere Bollinger-Band erreicht und der RSI überkauft ist.

- *Trailing-Stop-Loss:* Verwenden Sie einen Trailing-Stop-Loss, um Gewinne zu schützen und den Trade laufen zu lassen, solange der Trend intakt ist. Zum Beispiel könnte der Trailing-Stop-Loss in einem bestimmten Abstand hinter dem Hoch oder Tief jedes Kerzenmusters platziert werden.

- *Fundamentale Ereignisse:* Berücksichtigen Sie fundamentale Faktoren oder Nachrichten, die den Markt beeinflussen könnten, und schließen Sie Trades vor wichtigen Ankündigungen oder Ereignissen, um unvorhersehbare Volatilität zu vermeiden.

Indem Sie diese Prinzipien des emotionalen Managements beim Daytrading anwenden und kontinuierlich daran arbeiten, die eigenen Emotionen zu erkennen und zu kontrollieren, verbessern Sie Ihre Chancen auf einen langfristigen Erfolg als Daytrader wesentlich.

Praxis-Tipp: Beim Aufkommen starker negativer Emotionen sollten Sie immer zuerst mögliche Entscheidungsalternativen auflisten und zu jeder dieser Alternative eine Pro-und-Contra-Liste anfertigen.

6.
Daytrading mit geringem Startkapital

D aytrading ist eine spannende und potenziell profitable Tätigkeit, doch viele angehende Trader werden durch die Annahme abgeschreckt, dass man ein großes Kapital benötigt, um erfolgreich zu sein. Dies ist jedoch nicht unbedingt der Fall. Es gibt verschiedene Strategien und Ansätze, die es ermöglichen, auch mit einem geringen Startkapital in das Daytrading einzusteigen und dabei die eigenen Fähigkeiten zu entwickeln.

Möglichkeiten und Strategien für den Einstieg mit wenig Geld

Für Einsteiger, die mit wenig Geld ins Daytrading starten möchten, gibt es einige relevante Strategien:

1. Micro-Lots handeln

Einige Broker bieten die Möglichkeit, Micro-Lots zu handeln, was bedeutet, dass Sie mit einem Bruchteil eines Standard-Lots handeln. Ein Micro-Lot entspricht in der Regel 1.000 Einheiten der Basiswährung im Devisenhandel (Forex). Diese kleineren Handelsgrößen erlauben es Tradern mit begrenztem Kapital, am Markt teilzunehmen und Positionen zu eröffnen, ohne große Geldbeträge einzusetzen. Für Anfänger gibt es einige wichtige Punkte zu beachten, wenn sie mit Micro-Lots handeln:

- *Risikomanagement:* Auch wenn Micro-Lots kleinere Positionen darstellen, ist es wichtig, ein effektives Risikomanagement zu praktizieren. Bestimmen Sie vor dem Handel, wie viel Sie bereit sind zu riskieren. Und platzieren Sie Stop-Loss-Orders, um potenzielle Verluste zu begrenzen.

- *Handelsvolumen:* Bei kleineren Handelsgrößen kann es schwierig sein, signifikante Gewinne zu erzielen. Daher sollten Sie sicherstellen, dass Ihr Handelsvolumen ausreichend ist, um Ihre Gewinnziele zu erreichen, und gleichzeitig zu Ihrem Risikoprofil passt.

- *Kosten im Auge behalten:* Obwohl Micro-Lots den Handel mit geringem Kapital ermöglichen, können die Handelskosten das Gewinnpotenzial deutlich schmälern. Achten Sie daher auf Spreads, Kommissionen und andere Handelsgebühren, die die eigene Rendite negativ beeinflussen.

- *Lernen und üben Sie:* Nutzen Sie Demokonten und andere Bildungsressourcen, um den Handel mit Micro-Lots zu üben sowie die eigenen Fähigkeiten zu verbessern, bevor Sie mit echtem Geld handeln. Dies ermöglicht Ihnen, verschiedene Handelsstrategien auszuprobieren und sich mit dem Markt vertraut zu machen, ohne dabei echtes Kapital zu riskieren.

- *Psychologisches Management:* Obwohl die finanziellen Auswirkungen des Handels mit Micro-Lots geringer sind, ist es dennoch wichtig, die psychologischen Aspekte des Handels zu berücksichtigen. Halten Sie die eigenen Emotionen im Zaum und bleiben Sie diszipliniert, auch wenn es um kleine Beträge geht.

Der Handel mit Micro-Lots kann eine gute Möglichkeit für Anfänger sein, den Handel zu erlernen und Erfahrungen zu sammeln, ohne große Geldbeträge zu riskieren. Indem Sie die oben genannten Punkte beachten und vorsichtig damit umgehen, können Sie den Handel mit Micro-Lots effektiv nutzen, um eigene Trading-Fähigkeiten aufzubauen und sich als Daytrader weiterzuentwickeln.

Beispiel für den Handel mit Micro-Lots beim Daytrading im Forex-Markt: Angenommen, Sie handeln das Währungspaar EUR/USD, das zu einem aktuellen Wechselkurs von 1,1500 gehandelt wird. Sie möchten eine

Long-Position eingehen und auf steigende Kurse wetten, da Sie glauben, dass der Euro gegenüber dem US-Dollar stärker wird. Da ein Standard-Lot normalerweise 100.000 Einheiten der Basiswährung entspricht, entscheiden Sie sich, nur eine Micro-Lot-Position zu eröffnen, was bedeutet, dass Sie 1.000 Einheiten der Basiswährung (in diesem Fall also 1.000 Euro) kaufen.

Jetzt beobachten Sie den Markt, während der Wechselkurs steigt. Wenn der Wechselkurs beispielsweise auf 1,1550 steigt, haben Sie eine Gewinnposition von 50 Pips (die dritte und vierte Dezimalstelle im Wechselkurs wird als Pip bezeichnet). Sie entscheiden sich, die Position zu schließen und einen Gewinn zu realisieren. Ihr Gewinn beträgt:

$$\text{Gewinn} = (\text{Verkaufspreis - Kaufpreis}) \times \text{Anzahl der Micro-Lots}$$

$$\text{Gewinn} = (1,1550 - 1,1500) \times 1.000$$

$$\text{Gewinn} = 0,005 \times 1.000 = \$\ 5$$

In diesem Beispiel haben Sie also einen Gewinn von $ 5 erzielt, indem Sie eine Micro-Lot-Position im Forex-Markt gehandelt haben.

Achtung: Dieses Beispiel arbeitet mit Vereinfachungen, die tatsächlichen Handelskosten, wie zum Beispiel Spreads und Gebühren, sind nicht berücksichtigt worden. Außerdem werden im Devisenmarkt Hebel angeboten, was bedeutet, dass sich Ihre Gewinne und Verluste je nach eingesetztem Hebel multiplizieren können. Es ist entscheidend, sich über die potenziellen Risiken bewusst zu sein und ein angemessenes Risikomanagement zu betreiben, bevor man mit dem Handel von Micro-Lots beginnt.

2. Handeln mit Hebel

Einige Broker bieten eine Hebelwirkung an, die es ermöglicht, mit einem geringen Kapitaleinsatz größere Handelspositionen zu kontrollieren. Dies kann potenzielle Gewinne steigern, erhöht jedoch auch das Risiko größerer Verluste. Daher ist es wichtig, Hebel mit Vorsicht einzusetzen und ein klares Risikomanagement zu verfolgen.

Hier sind einige wichtige Punkte, die Anfänger beim Handel mit Hebeln beachten sollten:

- *Verstehen Sie den Hebel:* Erkundigen Sie sich, wie der Hebel funktioniert und wie er Ihre Handelspositionen beeinflusst. Ein Hebel von 1:100 bedeutet beispielsweise, dass Sie mit einem Betrag von 1.000 € handeln können, indem Sie nur 10 € aus dem eigenen Kapital einsetzen.

- *Risikomanagement:* Beherrschen Sie effektives Risikomanagement, insbesondere beim Handel mit einem Hebel. Setzen Sie Stop-Loss-Orders konsequent und bestimmen Sie vor dem Handel, wie viel Sie bereit sind zu riskieren.

- *Hebelwirkung verstehen:* Achten Sie darauf, dass Sie die Hebelwirkung nicht unterschätzen. Während der Hebel Ihre potenziellen Gewinne erhöhen kann, ist die Kehrseite eine mögliche Multiplizierung Ihrer Verluste. Ein kleiner Fehler kann daher zu erheblichen Verlusten führen, wenn Sie mit hohem Hebel handeln.

- *Begrenzung des Hebels:* Vermeiden Sie den übermäßigen Einsatz von Hebeln, insbesondere als Anfänger. Beginnen Sie mit niedrigeren Hebeln und erhöhen Sie sie nur, wenn Sie mehr Erfahrung gesammelt und ein solides Verständnis für die Marktmechanismen entwickelt haben.

- *Kosten im Auge behalten:* Achten Sie auf die Kosten und Gebühren, die mit dem Handel mit Hebeln verbunden sind, einschließlich Zinsen für geliehenes Kapital und Handelsgebühren. Diese können Ihre potenziellen Gewinne erheblich reduzieren, insbesondere wenn Sie häufig handeln.

- *Lernen und trainieren Sie:* Nutzen Sie Demokonten und andere Bildungsressourcen, um den Handel mit Hebeln zu üben und Ihre Fähigkeiten zu verbessern, bevor Sie mit echtem Geld handeln. Dies gibt Ihnen die Möglichkeit, verschiedene Hebelniveaus zu testen und die Auswirkungen des Handels mit Hebeln zu verstehen, ohne dabei echtes Geld zu riskieren.

Beispiele für Hebel im Daytrading:

- *Hebel von 1:30:* Wenn Sie im Devisenhandel (Forex) aktiv sind, können Sie bei den Hauptwährungspaaren oft einen Hebel von bis zu 1:30 verwenden. Dies sind inzwischen die höchsten in der EU zulässigen Hebel. Mit einem Handelskonto im Wert von 1.000 € sind dann Positionen im Wert von bis zu 30.000 € handelbar.

- *Hebel von 1:10 bei Rohstoffen außer Gold und Nicht-Hauptaktienindizes:* Beim Handel mit diesen Vermögenswerten dürfen Broker einen Hebel von 1:10 anbieten. Das bedeutet, dass Sie mit einem Kapital von 2.000 € eine Position im Wert von 20.000 € kontrollieren könnten.

- *Hebel von 1:5 bei Aktien-CFDs:* Beim Handel mit Aktien-CFDs dürfen Broker einen Hebel von 1:5 anbieten. Das bedeutet, dass Sie mit einem Kapital von 5.000 € eine Position im Wert von 25.000 € kontrollieren könnten.

- *Hebel von 1:2:* Kryptowährungen können bei vielen Online-Brokern wegen der hohen Schwankungsanfälligkeit nur mit einem Hebel von bis zu 1:2 gehandelt werden. Mit einem Handelskonto im Wert von 1.000 € sind so Krypto-Positionen im Wert von bis zu 2.000 € möglich.

3. Konzentration auf niedrigpreisige Vermögenswerte

Fokussieren Sie sich auf niedrigpreisige Vermögenswerte oder Instrumente mit geringen Handelskosten, um Ihre begrenzten finanziellen Ressourcen effektiver zu nutzen. Hier sind einige Beispiele:

- *Penny Stocks:* Penny Stocks sind Aktien von Unternehmen mit niedrigem Marktwert, die zu niedrigen Preisen gehandelt werden, oft unter einem Dollar pro Aktie. Diese Aktien sind aufgrund ihrer niedrigen Preise und ihrer Volatilität für Daytrader attraktiv.

- *Forex (Devisen):* Der Devisenmarkt, auch bekannt als Forex-Markt, ermöglicht den Handel mit Währungspaaren wie EUR/USD, GBP/USD oder USD/JPY. Die Preisbewegungen werden in Pips (kleinste

Kurseinheit) gemessen, was es Tradern ermöglicht, auch mit kleinen Beträgen flexibel zu handeln.

- *Kryptowährungen:* Kryptowährungen wie Bitcoin, Ethereum und Litecoin werden auf Kryptowährungsbörsen gehandelt und können niedrige Preise pro Einheit haben, was sie für Daytrader mit kleinem Budget attraktiv macht. Die Volatilität des Kryptowährungsmarktes bietet auch Chancen für kurzfristige Handelsgewinne.

- *Optionen:* Optionen ermöglichen es Tradern, Wetten auf die Preisbewegung eines Basiswerts zu platzieren, indem sie Verträge zu niedrigen Preisen kaufen. Obwohl Optionen mit einem gewissen Risiko verbunden sind, bieten sie eine kostengünstige Möglichkeit, von kurzfristigen Preisbewegungen zu profitieren.

- *CFDs (Contracts for Difference):* CFDs sind derivative Finanzinstrumente, die es Tradern ermöglichen, auf die Preisbewegung eines Vermögenswerts zu spekulieren, ohne den Vermögenswert selbst zu besitzen. CFDs können zu niedrigen Preisen und mit Hebeln gehandelt werden.

Beim Handel mit niedrigpreisigen Vermögenswerten ist es wichtig, sorgfältig zu recherchieren und auf eventuell versteckte Kosten zu achten.

4. Kostenoptimierung

Achten Sie darauf, die Kosten im Auge zu behalten, insbesondere Handelsgebühren und Spreads. Suchen Sie nach Brokern mit wettbewerbsfähigen Gebührenstrukturen und vermeiden Sie übermäßige Handelskosten, die Ihre Gewinne schmälern könnten. Bei kleinen Budgets im Daytrading ist es wichtig, besonders auf diese Punkte zu achten:

- *Vergleichen Sie die Gebührenstrukturen der Broker:* Vergleichen Sie die Handelsgebühren, Kommissionen und Spreads verschiedener Broker, um einen für Ihre Handelsinteressen optimalen Broker mit wettbewerbsfähigen Gebühren zu finden.

- *Berücksichtigen Sie die Spreads:* Der Spread ist die Differenz zwischen dem Kauf- und Verkaufspreis eines Vermögenswerts. Achten Sie darauf, dass die Spreads bei Ihrem Broker konkurrenzfähig sind, insbesondere für die Vermögenswerte und Tageszeiten, die bzw. an denen Sie handeln möchten.

- *Vermeiden Sie übermäßig hohe Spreads:* Übermäßig hohe Spreads schmälern Ihre Handelsgewinne erheblich. Achten Sie darauf, Vermögenswerte mit akzeptablen Spreads zu handeln, und vermeiden Sie Märkte mit extrem hohen Spreads, insbesondere bei illiquiden Vermögenswerten. Hinweis: Die Spreads bei Kryptowährungen sind oftmals erheblich höher als bei anderen Vermögenswerten.

- *Berücksichtigen Sie zusätzliche Gebühren:* Überprüfen Sie, ob es zusätzliche Gebühren oder versteckte Kosten gibt, die Ihre Handelskosten erhöhen könnten, zum Beispiel Inaktivitätsgebühren, Auszahlungsgebühren oder Währungsumrechnungsgebühren.

- *Wählen Sie einen Broker mit niedrigen Mindesteinlagen:* Einige Broker erfordern hohe Mindesteinlagen, um ein Handelskonto zu eröffnen. Suchen Sie nach Brokern mit niedrigen Mindesteinlagen, die besser zu Ihrem Budget passen.

- *Achten Sie auf Rabatte und Sonderaktionen:* Einige Broker bieten Rabatte oder Sonderaktionen für neue Kunden an, die Ihre Handelskosten reduzieren könnten. Überprüfen Sie regelmäßig die Angebote der Broker, um potenzielle Einsparungen zu erzielen.

- *Berücksichtigen Sie die Handelsfrequenz:* Wenn Sie häufig handeln, summieren sich selbst niedrige Gebühren und Spreads. Achten Sie darauf, dass die Gebührenstruktur des Brokers auch für Ihre Handelsfrequenz geeignet ist.

Indem Sie diese Punkte beachten und einen Broker mit wettbewerbsfähigen Gebührenstrukturen sowie akzeptablen Spreads auswählen, werden übermäßige Handelskosten bei kleinem Budget vermieden und die Handelsergebnisse verbessert.

Risikomanagement bei kleinem Budget

Beim Risikomanagement mit einem kleinen Budget im Daytrading sind einige wichtige Punkte zu beachten, um Ihr Kapital zu schützen und erfolgreich zu handeln:

1. Festlegung eines realistischen Risikobudgets: Bestimmen Sie, wie viel Geld Sie bereit sind, zu riskieren und definieren Sie Ihr Risikobudget entsprechend. Vermeiden Sie es, Geld zu riskieren, dessen Verlust Sie sich nicht leisten können.

2. Festlegung von Stop-Loss-Niveaus: Platzieren Sie Stop-Loss-Orders konsequent, um potenzielle Verluste zu begrenzen. Überlegen Sie sich vor dem Handel, wie viel Sie bereit sind zu verlieren, und platzieren Sie Ihre Stop-Loss-Niveaus entsprechend.

3. Angemessene Positionsgrößen: Bestimmen Sie die richtige Positionsgröße für jeden Trade, basierend auf Ihrem Risikobudget und Ihrem Stop-Loss-Niveau. Vermeiden Sie es, zu große Positionen einzugehen, die einen zu hohen Kapitaleinsatz erfordern.

4. Diversifikation: Streuen Sie das Risiko, indem Sie nicht Ihr gesamtes Kapital für einen einzigen Trade einsetzen. Verteilen Sie Ihr Risiko auf verschiedene Vermögenswerte und Trades, um potenzielle Verluste zu minimieren.

5. Vermeiden Sie übermäßige Hebel: Setzen Sie Hebel verantwortungsvoll ein und verzichten Sie auf zu hohe Hebel, insbesondere wenn Ihr Budget begrenzt ist. Ein hoher Hebel kann zu größeren Verlusten führen und Ihr Kapital schnell aufbrauchen.

6. Regelmäßige Überprüfung und Anpassung: Überwachen Sie Ihre Trades regelmäßig und verlieren Sie nie Ihr Risikobudget aus den Augen. Seien Sie bereit, bei Bedarf Anpassungen Ihres Risikomanagements vorzunehmen.

7. Psychologisches Management: Bewahren Sie einen kühlen Kopf und halten Sie Ihre Emotionen im Zaum, insbesondere bei kleinen Budgets, wo Verluste schwerwiegender sein könnten. Bleiben Sie diszipliniert und folgen Sie Ihrem Handelsplan.

Diese Punkte sollten gerade beim Handel mit kleinen Budgets helfen, ein solides Risikomanagement beizubehalten und erfolgreich im Daytrading zu sein.

Praktische Tipps und Hinweise

Ein sehr nützliches Instrument ist das kostenlose Demo-Handelskonto. Viele Online-Broker bieten Konten an, mit denen Sie mit virtuellem Geld handeln und Ihre Fähigkeiten risikolos verbessern können. Dies ist gerade für Anfänger eine gute Möglichkeit, um Erfahrungen zu sammeln und verschiedene Handelsstrategien auszuprobieren, bevor sie echtes Geld einsetzen.

Daneben gibt es mehrere Vorteile beim Nutzen von kostenlosen Demokonten für das Daytrading:

1. **Praxiserfahrung:** Demokonten bieten eine praktische Erfahrung im Live-Marktumfeld. Trader können Trades in Echtzeit durchführen und die Dynamik des Marktes erleben, ohne dabei echtes Geld zu riskieren.

2. **Testen von Strategien:** Mit einem Demokonto testen Trader verschiedene Handelsstrategien und finden so heraus, welche am besten zu ihren Zielen und ihrem Handelsstil passen. Dies ermöglicht es ihnen, ihre Strategien ohne Risiken zu verfeinern und zu optimieren.

3. **Plattform kennenlernen:** Demokonten ermöglichen, die Handelsplattform des Brokers kennenzulernen und sich mit ihren Funktionen und Tools vertraut zu machen. Dies ist besonders wichtig für Anfänger, die noch keine Erfahrung mit Handelssoftware haben.

4. **Risikofreie Fehler:** Durch den Handel mit einem Demokonto können Trader Fehler machen und aus ihnen lernen, ohne dabei echtes Geld zu verlieren. Dies ermöglicht es ihnen, ihre Handelsfähigkeiten zu verbessern und sich weiterzuentwickeln.

Insgesamt sind kostenlose Demokonten eine wertvolle Ressource für Trader, insbesondere für Anfänger, die den Einstieg in den Handel risikolos für sich testen möchten. Es ist jedoch wichtig zu beachten, dass der Handel auf einem Demokonto nicht die gleichen emotionalen Reaktionen hervorruft wie der Handel mit echtem Geld.

7.
Praktische Umsetzung und Durchführung von Trades

Beim Daytrading geht es darum, innerhalb eines einzigen Handelstages kurzfristige Trades zu platzieren, um von kleinen Kursbewegungen zu profitieren. Hier sind die praktischen Schritte, die ein Daytrader normalerweise vor und während eines Trades durchführt.

Erste Schritte und Vorbereitung

Diese Schritte stellen den typischen Ablauf dar, den ein Daytrader während eines Trades absolviert. Für den ersten Trade überhaupt gilt jedoch:

- Legen Sie fest, *was gehandelt werden soll*: Wertpapiere, CFDs oder Barriers- und Vanilla-Options usw.
- Nach *Auswahl des passenden Brokers* müssen Sie ein *Live-Handelskonto* eröffnen und danach ausreichend Kapital darauf einzahlen. Sobald das Geld dem Handelskonto gutgeschrieben ist:
- Öffnen Sie die Handelsplattform und finden Sie Ihre erste *Handelschance*
- Legen Sie sich fest: *kaufen* (= Sie gehen von steigenden Kursen aus) oder *verkaufen* (= Sie erwarten fallende Kurse)
- *Bestimmen Sie die Positionsgröße*, einschließlich Maßnahmen zur *Risikobegrenzung*
- Starten (d. h. eröffnen) Sie Ihre Position mit dem entsprechenden Button, der den Trade platziert.

Normalerweise wird ein Daytrader die folgenden Schritte vor und während eines Trades durchführen:

1. **Marktanalyse:** Bevor ein Trade platziert wird, analysiert der Trader den Markt, um potenzielle Handelsmöglichkeiten zu identifizieren. Dies kann durch die Überprüfung von Charts, technischen Indikatoren, Nachrichten, Markttrends und anderen relevanten Informationen erfolgen.

2. **Festlegung des Handelsplans:** Auf der Basis einer Marktanalyse entwickelt der Trader einen Handelsplan, der festlegt, welche Handelsinstrumente gehandelt werden sollen, welche Position (Kauf oder Verkauf) eingegangen werden soll sowie was das Einstiegsniveau, das Stop-Loss-Niveau und das Gewinnziel ist.

3. **Platzierung des Trades:** Sobald der Handelsplan festgelegt ist, platziert der Trader den Trade über seine Handelsplattform (s. oben). Dies beinhaltet die Eingabe der Handelsgröße (Anzahl der gehandelten Einheiten), die Auswahl des Handelsinstruments, die Festlegung des Einstiegspreises und das Platzieren von Stop-Loss- und Take-Profit-Orders.

4. **Überwachung des Trades:** Nachdem der Trade platziert wurde, überwacht der Trader die Kursentwicklung in Echtzeit. Er beobachtet den Markt genau und passt gegebenenfalls seine Position an, indem er Stop-Loss-Orders nachzieht oder Gewinne sichert.

5. **Entscheidung über Ausstieg:** Der Trader trifft eine Entscheidung darüber, wann er den Trade beendet. Dies kann erfolgen, wenn er sein Gewinnziel erreicht hat, wenn der Markt sich gegen die Position bewegt und das Stop-Loss-Niveau erreicht wird oder wenn sich die Marktbedingungen ändern, sowie der Handelsplan nicht mehr gültig ist.

6. **Ausführung des Ausstiegs:** Der Trader schließt die Position, indem er den Trade über seine Handelsplattform liquidiert. Dies kann durch manuelle Eingabe eines Verkaufsauftrags (oder „Schließen"-Button) erfolgen oder automatisch durch eine zuvor platzierte Stop-Loss- oder Take-Profit-Order.

7. **Bewertung des Trades:** Nach Abschluss des Trades bewertet der Trader die Ergebnisse und analysiert, was gut gelaufen ist und was verbessert werden kann. Dies hilft ihm, aus seinen Erfahrungen zu lernen und seine Handelsfähigkeiten kontinuierlich zu verbessern.

Verfügbare Ordertypen: Von Take-Profit bis Trailing-Stop

Beim Daytrading haben sich verschiedene Ordervarianten oder Ordertypen in der Praxis etabliert. Sie ermöglichen es Tradern, ihre Handelsstrategien umzusetzen und die platzierten Orders effizient zu verwalten. Hier sind einige der gängigsten Ordertypen im Daytrading:

Market-Order

Eine Market-Order ist eine Order, die sofort zum aktuellen Marktpreis ausgeführt wird. Mit dieser Orderart wird der Trader den Trade zum nächsten verfügbaren Preis eingehen. Market-Orders eignen sich gut für schnelle Trades in einem hochliquiden Markt, da sie eine sofortige Ausführung ermöglichen. Aber Achtung: Es besteht auch das Risiko, dass der tatsächliche Ausführungspreis vom erwarteten Preis abweicht (sog. „Slippage"). Nämlich genau dann, wenn Sie sich mit dieser unlimitierten Kauforder in einem Markt mit extrem geringen Umsätzen oder im anderen Extrem, in sehr volatilen Marktphasen, befinden. Das „Sofort-im-Markt-sein" kostet Sie dann eventuell diesen Slippage-Preisunterschied.

Beispiel: Angenommen, ein Daytrader beobachtet den Aktienkurs eines Unternehmens, das er gerne handeln möchte. Die Aktie wird derzeit zu einem Preis von 50 Euro pro Aktie gehandelt. Der Trader hat beschlossen, eine Market-Order zum Kauf von 100 Aktien dieses Unternehmens zu platzieren. Der Trader gibt die Market-Order über seine Handelsplattform ein und wählt die Option zum Kauf von 100 Aktien aus. Da es sich um eine Market-Order handelt, wird die Order sofort zum aktuellen Marktpreis ausgeführt, ohne dass ein spezifischer Preis festgelegt wurde. Da die Order sofort ausgeführt wird, beträgt der tatsächliche Ausführungspreis für die Aktien 50,10 Euro pro Stück. Der Trader zahlt für die 100 Aktien einen Gesamtpreis von 5.010 Euro. In diesem Beispiel führt die Market-Order dazu, dass der Trader die gewünschten Aktien sofort zum nächsten verfügbaren Preis erwirbt, ohne auf eine spezifische Preisbewegung zu warten. Die Ausführung erfolgt schnell und effizient.

Limit-Order

Eine Limit-Order ist eine Order, bei der der Trader einen spezifischen Preis festlegt, zu dem er bereit ist zu kaufen oder zu verkaufen. Die Order wird nur zum festgelegten Preis oder einem besseren ausgeführt. Limit-Orders ermöglichen es Tradern, den Preis, zu dem sie handeln möchten, genau zu kontrollieren, bieten jedoch keine Garantie für eine Ausführung.

Beispiel: Ein Daytrader möchte eine Aktie kaufen, die derzeit zu einem Preis von 50 Euro pro Aktie gehandelt wird. Der Trader glaubt jedoch, dass der Preis der Aktie in naher Zukunft sinken wird, und möchte sie zu einem niedrigeren Preis kaufen. Der Trader entscheidet sich, eine Limit-Order zum Kauf von 100 Aktien dieses Unternehmens zu platzieren, jedoch zu einem Preis von 48 Euro pro Aktie. Dies bedeutet, dass der Trader die Aktien nur dann kauft, wenn der Preis pro Aktie 48 Euro oder weniger beträgt. Der Trader gibt die Limit-Order über seine Handelsplattform ein und wählt die Option zum Kauf von 100 Aktien aus. Er legt den Preis auf 48 Euro pro Aktie fest und bestätigt die Order. Nun wartet der Trader darauf, dass der Marktpreis für die Aktie auf 48 Euro pro Aktie oder darunter fällt. Sobald dies geschieht, wird die Limit-Order automatisch ausgeführt. Falls der Marktpreis nicht auf das von ihm festgelegte Limit fällt, bleibt die Order offen und wird nicht ausgeführt.

Stop-Loss-Order

Eine Stop-Loss-Order ist eine Order, bei der der Trader einen bestimmten Preis festlegt, bei dem er eine Position schließen lässt, um Verluste zu begrenzen. Wenn der Marktpreis den festgelegten Stop-Loss-Preis erreicht oder unterschreitet, wird die Order automatisch als Market-Order ausgeführt, um die Position zu schließen.

Beispiel: Ein Daytrader hat eine Aktie gekauft, die derzeit zu einem Preis von 50 Euro pro Aktie gehandelt wird. Er hat eine Long-Position in dieser Aktie eröffnet und möchte sein Risiko begrenzen, falls der Preis der Aktie sinkt. Der Trader entscheidet sich, eine Stop-Loss-Order zu platzieren, um seine Position zu schützen. Er legt den Stop-Loss-Preis auf 47 Euro pro Aktie fest. Dies bedeutet, dass er seine Position schließen lässt, wenn der Preis pro Aktie auf 47 Euro oder weniger fällt. Der Trader gibt die Stop-Loss-Order über seine Handelsplattform ein, legt das Stop-Loss auf 47 Euro pro Aktie fest und bestätigt die Order. Nun ist die Stop-Loss-Order aktiv. Solange der Marktpreis der Aktie über 47 Euro pro Aktie bleibt, wird die Position des Traders nicht verändert. Wenn jedoch der Marktpreis auf 47 Euro oder darunter fällt, wird die Stop-Loss-Order automatisch ausgeführt und die Position des Traders sofort geschlossen, um Verluste zu begrenzen.

Achtung: Ein Stop-Loss muss erst von einem sogenannten „Bezahlt-Preis", d. h. einer tatsächlichen Preisfeststellung im Markt durch eine Transaktion, ausgelöst werden. Erst dann wird das Stop-Loss zu einer Market-Order und ausgeführt. Das kann in der Praxis bedeuten, dass der eingegebene Stop-Loss-Preis nicht exakt dem tatsächlich abgerechneten Preis entspricht. Der endgültige Ausführungspreis kann ungünstiger sein als der ursprünglich festgelegte Stop-Loss-Preis.

Take-Profit-Order

Eine Take-Profit-Order ist eine Order, bei der der Trader einen bestimmten Preis festlegt, zu dem er bereit ist, eine Position zu schließen, um Gewinne zu sichern. Wenn der Marktpreis den festgelegten Take-Profit-Preis erreicht oder überschreitet, wird die Order automatisch als Market-Order ausgeführt, um die Position zu schließen.

Beispiel: Ein Daytrader hat eine Aktie gekauft, die derzeit zu einem Preis von 60 Euro pro Aktie gehandelt wird. Er erwartet, dass der Preis der Aktie steigen wird. Der Trader beschließt daher, eine Take-Profit-Order zu platzieren, um seine Position zu schließen, sobald der Preis der Aktie auf 65 Euro pro Stück steigt. Dies bedeutet, dass er seine Aktien verkaufen lässt, um den Gewinn zu sichern, sobald der Preis pro Aktie 65 Euro oder mehr erreicht. Der Trader gibt die Take-Profit-Order über seine Handelsplattform ein, legt den Preis auf 65 Euro pro Stück fest und bestätigt die Order. Nun wartet er darauf, dass der Marktpreis für die Aktie auf 65 Euro oder darüber steigt. Sobald dies geschieht, wird die Take-Profit-Order automatisch ausgeführt und der Trader verkauft seine Aktien zum festgelegten Preis, um seinen Gewinn zu sichern.

Trailing-Stop-Order

Eine Trailing-Stop-Order ist eine dynamische Stop-Loss-Order, die sich mit dem Marktpreis bewegt. Der Stop-Loss-Preis wird relativ zum Marktpreis festgelegt und automatisch angepasst, wenn sich dieser bewegt. Dies ermöglicht es dem Trader, potenzielle Gewinne zu maximieren, während er gleichzeitig Verluste begrenzt.

Beispiel: Ein Daytrader hat eine Aktie gekauft, die derzeit zu einem Preis von 100 Euro pro Stück gehandelt wird. Er möchte seine Position schützen und gleichzeitig potenzielle Gewinne maximieren, falls sich der Preis der Aktie weiterhin in die gewünschte Richtung bewegt. Der Trader entscheidet sich für eine Trailing-Stop-Order und setzt einen Abstand von 2 Euro vom aktuellen Marktpreis. Dies bedeutet, dass der Stop-Loss-Preis automatisch mit dem Marktpreis nach oben wandert, jedoch immer mit einem Abstand von 2 Euro. Angenommen, der Marktpreis steigt auf 105 Euro pro Aktie, dann würde der Stop-Loss-Preis automatisch auf 103 Euro pro Aktie erhöht werden. Wenn der Marktpreis dann wieder fällt und den neuen Stop-Loss-Preis von 103 Euro pro Aktie erreicht oder unterschreitet, wird die Trailing-Stop-Order automatisch ausgeführt. So verkauft der Trader seine Aktien zu diesem gestiegenen Preis von 103 Euro pro Aktie.

One-Cancels-Other (OCO) Order

Eine OCO-Order ist eine Kombination aus zwei Orders, bei der die Ausführung einer Order die andere automatisch storniert. Sie wird häufig verwendet, um eine Position abzusichern, indem eine Limit-Order für Gewinnmitnahmen und eine Stop-Loss-Order zur Verlustbegrenzung platziert werden. Sobald eine der beiden Orders ausgeführt wird, wird die andere storniert. Dies ermöglicht es dem Trader, flexibel auf verschiedene Marktentwicklungen zu reagieren.

Beispiel: Ein Daytrader hat 100 Aktien eines Unternehmens zu einem Preis von 75 € pro Stück gekauft. Er möchte:

- Die Aktien verkaufen, wenn der Preis auf 80 € steigt, um einen Gewinn mitzunehmen.
- Die Position schließen, falls der Preis auf 70 € fällt, um Verluste zu begrenzen.

Der Trader platziert eine OCO-Order mit:

1. Limit-Sell-Order: Verkauf von 100 Aktien zu einem Preis von 80 €.
2. Stop-Loss-Order: Verkauf von 100 Aktien zu einem Preis von 70 €.

- Szenario 1: Wenn der Preis auf 80 € oder höher steigt, wird die Limit-Sell-Order ausgeführt und die Stop-Loss-Order automatisch storniert.
- Szenario 2: Wenn der Preis auf 70 € oder darunter fällt, wird die Stop-Loss-Order ausgeführt und die Limit-Sell-Order storniert.

Machen Sie sich vor der Platzierung eines Trades klar, welche der verschiedenen Ordertypen überhaupt verfügbar sind und wie sie funktionieren. Mit den Beispielen sollte Ihnen praktisch verdeutlicht werden, welche Ordervariante für Ihre jeweilige Handelssituation am besten geeignet ist.

Einstiegspunkte und Gelegenheiten

Basierend auf Ihrer Marktanalyse und Handelsstrategie bestimmen Sie den Einstiegspunkt für Ihren Trade. Dazu verwenden Sie eine der vorgenannten Ordervarianten, jeweils abhängig von Ihren Präferenzen und der aktuellen Marktsituation.

Das sind nur einige der vielen möglichen Einstiegspunkte und Gelegenheiten im Daytrading:

- **Ein Breakout** tritt auf, wenn der Kurs eines Finanzinstruments ein wichtiges Unterstützungs- oder Widerstandsniveau durchbricht. Dies kann ein Signal für eine Fortsetzung der bestehenden Trendrichtung sein. Trader können in solchen Situationen eine Long-Position eröffnen, wenn der Kurs über den Widerstand ausbricht, oder eine Short-Position eingehen, wenn der Kurs unter die Unterstützung fällt.

- **Von einem Pullback** spricht man, wenn sich der Kurs nach einem starken Anstieg oder Rückgang vorübergehend korrigiert, bevor er seinen Trend fortsetzt. Trader versuchen in solchen Situationen, am Ende der Korrektur eine Position einzunehmen, um von der Fortsetzung des Trends zu profitieren.

- **Ein Reversal** liegt vor, wenn der Kurs seine Richtung ändert, oft nachdem er ein überkauftes oder überverkauftes Niveau erreicht hat. Trader eröffnen hier eine Position, wenn sie Anzeichen für eine mögliche Trendumkehr erkennen, wie zum Beispiel Umkehrformationen oder Divergenzen in technischen Indikatoren.

- **Momentum-Handelsstrategien** beinhalten den Einstieg in Trades, die von starken und anhaltenden Kursbewegungen begleitet werden. Trader versuchen, von kurzfristigen Schwankungen in der Marktdynamik zu profitieren, indem sie sich auf Aktien oder andere Finanzinstrumente konzentrieren, die ein hohes Handelsvolumen und eine hohe Volatilität aufweisen.

- **Nachrichten und Ereignisse** können starke Auswirkungen auf die Finanzmärkte haben und bieten daher oft Einstiegspunkte für Trader. Trader gehen dann Trades ein, die auf wichtigen Nachrichtenereignissen basieren, wie zum Beispiel Quartalsergebnissen, Wirtschaftsdaten, politischen Ankündigungen oder Branchennachrichten.

- **Technische Indikatoren** wie Moving Averages, RSI (Relative Strength Index), MACD (Moving Average Convergence Divergence) und Bollinger Bänder können verwendet werden, um potenzielle Einstiegspunkte zu identifizieren. Trader nutzen Signale von diesen Indikatoren, um Trades einzugehen, wenn sie eine Bestätigung durch andere Aspekte ihrer Handelsstrategie erhalten.

Achtung: Stellen Sie sicher, dass Ihre Stop-Loss-Orders eng genug gesetzt sind, um Verluste zu begrenzen, aber gleichzeitig ausreichend Abstand zum Marktpreis haben, um Volatilität sowie Marktgeräusche zu berücksichtigen.

Eröffnung einer Position

Führen Sie Ihre Handelsorder gemäß Ihrer Handelsstrategie und den zuvor festgelegten Parametern aus. Achten Sie darauf, dass Sie die Order sorgfältig überprüfen, bevor Sie sie platzieren, um sicherzustellen, dass alle Parameter korrekt sind.

Beispiel zur Veranschaulichung der Eröffnung einer Long-Position im Daytrading auf der Basis einer Breakout-Strategie: Ein Trader hat eine Einstiegsstrategie entwickelt, die auf ein Breakout-Muster setzt, da die Aktie kurz davor steht, ein wichtiges Widerstandsniveau von 52 Euro pro Aktie zu durchbrechen. Der Trader gibt eine Buy-Stop-Order ein, um 100 Aktien zu einem Preis von 52,10 Euro pro Aktie zu kaufen. Er wählt eine Buy-Stop-Order, um sicherzustellen, dass er die Aktien nur zu seinem gewünschten Preis oder günstiger kauft. Der Trader überprüft die eingegebene Order sorgfältig, damit alle Parameter korrekt sind, einschließlich des Einstiegspunkts, der Anzahl der Aktien und des Ordertyps. Sobald die Aktie den Widerstand von 52 Euro pro Aktie durchbricht und den Preis von 52,10 Euro pro Aktie erreicht hat, wird die Buy-Stop-Order automatisch ausgeführt. Der Trader hat damit wirksam 100 Aktien zu seinem gewünschten Preis gekauft.

Beobachtung und Anpassung

Sobald ein Trade ausgeführt wurde, sollten Daytrader diesen kontinuierlich überwachen. Sie können dabei planen, die Position zu halten oder Gewinne zu realisieren, wenn die Aktie oder ein anderes Handelsinstrument das jeweilige Aufwärtspotenzial weiter ausschöpft. Gleichzeitig lassen sich aber auch Stop-Loss-Orders setzen, um potenzielle Verluste zu begrenzen. Bei Bedarf können Sie Ihre Stop-Loss- und Take-Profit-Niveaus anpassen. Bleiben Sie aufmerksam und reagieren Sie flexibel auf Marktveränderungen, um Ihre Gewinne zu maximieren oder zumindest Ihre Verluste zu begrenzen. Beachten Sie dabei wichtige Unterstützungs- und Widerstandsniveaus sowie andere Indikatoren.

Haltedauer und Schließung von Positionen

Nach Abschluss des Trades ist es wichtig, die Haltedauer einer Position im Daytrading sorgfältig zu planen und zu überwachen, um die Handelsziele zu erreichen sowie das Risiko zu kontrollieren.

- **Haltedauer einer Position:** Die Haltedauer einer Position sollte mit der angewandten Handelsstrategie übereinstimmen. Ein Daytrader, der sich auf kurzfristige Preisbewegungen konzentriert, wird typischerweise Positionen innerhalb desselben Handelstages schließen, während ein Swing-Trader Positionen möglicherweise über mehrere Tage halten wird. Die Volatilität des Marktes kann die Haltedauer einer Position beeinflussen. In volatilen Märkten ändern sich die Preise typischerweise schnell, was zu schnelleren Ein- und Ausstiegen führen kann. In weniger volatilen Märkten ist die Haltedauer tendenziell länger. Die Haltedauer einer Position sollte mit den Signalen aus der technischen und fundamentalen Analyse übereinstimmen. Trader können Indikatoren und Handelssignale verwenden, um potenzielle Ein- und Ausstiegspunkte zu identifizieren und die Haltedauer entsprechend anzupassen. Achtung: Eine zu lange Haltedauer kann zu übermäßigem Stress führen, während eine zu kurze Haltedauer zu überhasteten Entscheidungen verleiten kann.

- **Platzierung der Schließungsorder:** Der Trader gibt eine Market-Order oder eine Limit-Order über seine Handelsplattform ein, um die Long-Position zu schließen. Wenn er eine Limit-Sell-Order verwendet, legt er den Preis fest, zu dem er bereit ist zu verkaufen, und bestätigt die Order.

Analysieren Sie Ihren Trade im Nachhinein, um zu verstehen, was gut gelaufen ist und was verbessert werden kann. Dokumentieren Sie Ihre Ergebnisse und Feststellungen, insbesondere alle relevanten Details wie Einstiegs- und Ausstiegspunkte, Gewinne oder Verluste sowie die Gründe für den Trade.

Analyse von realen Fallbeispielen

Diese Fallbeispiele sollen verschiedene Arten von Trades im Daytrading zeigen und praktische Anregungen für Einsteiger geben, wie Trader ihre Strategien anwenden, um potenzielle Gewinne zu erzielen.

Fallbeispiel 1: Breakout-Handel mit volatilen Aktien

Ein Daytrader identifiziert eine volatile Aktie, die sich in den letzten Tagen in einer engen Handelsspanne befunden hat. Auf der Basis von technischen Indikatoren und Nachrichtenereignissen erwartet der Trader einen bevorstehenden Ausbruch über das Preisniveau von 50 Euro. Er platziert eine Buy-Stop-Order über dem Widerstandsniveau von 52 Euro, um eine Long-Position zu eröffnen, sobald der Ausbruch bestätigt ist. Der Ausbruch erfolgt wie erwartet, und die Aktie steigt schnell an. Der Trader beobachtet den Markt genau und passt seinen Stop-Loss regelmäßig an, um Gewinne zu sichern und Verluste zu begrenzen. Am Ende schließt der Trader die Position bei 65 Euro, nachdem die Dynamik nachlässt und sich der Kurs zu korrigieren beginnt. Durch diese Strategie erzielt der Trader einen profitablen Trade.

Fallbeispiel 2: Reversal-Handel nach Überverkauf

Ein Daytrader identifiziert eine Aktie, die aufgrund von schlechten Quartalsergebnissen stark gefallen ist und nun bei einem Preisniveau von 48 Euro überverkauft erscheint. Der Trader erwartet eine mögliche Erholung und plant einen Reversal-Trade. Er platziert eine Limit-Buy-Order nahe dem Unterstützungsniveau von 47 Euro, um eine Long-Position zu eröffnen, sobald die Aktie eine positive Kursbewegung zeigt und sich von den überverkauften Bedingungen erholt. Der Trade entwickelt sich wie erwartet, und die Aktie steigt an. Der Trader überwacht den Markt genau und passt sein Stop-Loss in jeweils 2-Euro-Schritten nach oben an, um Gewinne zu sichern. Am Ende schließt der Trader die Position, nachdem die Aktie ihr Erholungspotenzial bei 64 Euro weitgehend ausgeschöpft hat.

Fallbeispiel 3: News-Trading mit Wirtschaftsdaten

Ein Daytrader beobachtet den Devisenmarkt und erwartet die Veröffentlichung wichtiger Wirtschaftsdaten, wie zum Beispiel die Non-Farm-Payrolls in den USA. Auf der Basis seiner Analysen und Erwartungen platziert der Trader eine Buy-Stop-Order bei 1,1005 $ über dem aktuellen Marktpreis von 1,0995 $, um eine Long-Position im EUR/USD zu eröffnen, falls die Daten besser als erwartet ausfallen. Die Wirtschaftsdaten werden veröffentlicht und übertreffen die Erwartungen der Analysten. Die Buy-Stop-Order wird bei 1,1005 $ ausgelöst und der Trader eröffnet eine Long-Position. Der Kurs steigt schnell an, und der Trader überwacht den Markt genau, um seine Gewinne zu sichern und Verluste zu begrenzen. Nachdem die Marktreaktion abklingt, schließt der Trader die Position mit einem profitablen Ergebnis bei 1,1065 $.

8.
Häufige Tradingfehler und wie Sie diese vermeiden

Beim Daytrading gibt es einige häufige Fehler, die Trader aus Unerfahrenheit machen. Hier sind einige davon sowie Vorschläge, wie man sie vermeiden kann:

Typische Anfängerfehler

Typische Anfängerfehler beim Daytrading schmälern den Erfolg und die Rentabilität. Hier werden einige genannt, samt einiger Hinweise zur Vermeidung.

- **Mangelnde Ausbildung und Vorbereitung:** Viele Anfänger beginnen ohne ausreichende Kenntnisse über den Markt und die Handelsstrategien. Vermeiden Sie diesen Fehler, indem Sie sich gründlich über die Märkte informieren, Bücher lesen, Online-Kurse absolvieren und von erfahrenen Händlern lernen, bevor Sie mit dem Handel beginnen. Nehmen Sie sich Zeit, um den Markt zu studieren, technische Analysen durchzuführen und Ihre Handelsstrategie zu planen, bevor Sie Positionen eröffnen.

- **Unrealistische Erwartungen:** Ein häufiger Fehler ist es, unrealistische Gewinnerwartungen zu haben und zu glauben, dass man schnell reich wird. Verstehen Sie, dass Daytrading Zeit und Geduld erfordert und Erfolg nicht über Nacht kommt.

- **Fehlendes Risikomanagement:** Viele Anfänger vernachlässigen ein angemessenes Risikomanagement, handeln ohne klare Strategie. Oft setzen sie zu viel Kapital auf eine einzelne Position oder ignorieren Stop-Loss-Orders. Entwickeln Sie eine klare Risikomanagementstrategie, setzen Sie Stop-Loss-Orders, um Verluste zu begrenzen und entwickeln Sie einen klaren Plan, der festlegt, wie viel Sie bereit sind zu verlieren. Und halten Sie sich auch an Ihre vordefinierten Risikoparameter.

- **Übermäßige Risikobereitschaft:** Ein häufiger Fehler ist es, zu viel Risiko einzugehen, indem man zu große Positionen handelt oder hohe Hebel einsetzt. Dies kann zu großen Verlusten führen.

- **Emotionales Trading:** Emotionales Trading kann zu impulsiven Entscheidungen führen, die auf Angst, Gier oder FOMO (Fear of Missing Out) fußen. Bleiben Sie diszipliniert und halten Sie sich an Ihren Handelsplan, auch wenn es schwerfällt.

- **Overtrading:** Viele Anfänger neigen dazu, zu oft zu handeln und zu viele Positionen gleichzeitig zu halten. Vermeiden Sie Overtrading, indem Sie sich auf qualitativ hochwertige Setups konzentrieren und diszipliniert bleiben, wenn es um die Auswahl von Handelsmöglichkeiten geht. Vermeiden Sie übermäßige Handelsaktivität und impulsives Reagieren auf kurzfristige Preisbewegungen.

- **Nicht genug Geduld:** Viele Trader erwarten sofortige Ergebnisse und geben ihren Positionen nicht genug Zeit, um sich zu entwickeln. Haben Sie Geduld und bleiben Sie konsequent bei Ihrer Handelsstrategie. Erfolg beim Daytrading erfordert oft Ausdauer und Disziplin.

- **Handel außerhalb der Komfortzone:** Es ist wichtig, nur in Märkten und mit Handelsinstrumenten zu handeln, die Sie gut verstehen und mit denen Sie sich wohlfühlen. Vermeiden Sie den Handel in volatilen Märkten oder mit exotischen Finanzinstrumenten, die Sie nicht verstehen.

Psychologische Faktoren und mentale Barrieren

Beim Daytrading spielen psychologische Faktoren und mentale Barrieren eine entscheidende Rolle. Sie können die Handelsleistung erheblich beeinflussen und sich auch negativ auf das Tradingerlebnis auswirken. Ein bewusstes Erkennen und Bewältigen dieser Faktoren sind entscheidend, um als Daytrader erfolgreich zu sein. Hier einige der wichtigsten psychologischen Faktoren und mentalen Barrieren:

- **Angst vor Verlusten** kann dazu führen, dass ein Trader zu früh aus einer profitablen Position aussteigt oder sich weigert, Verluste zu akzeptieren, und zu lange an einer Position festhält.

Beispiel: Ein Daytrader hat eine Position in einer bestimmten Aktie eröffnet, nachdem er einige vielversprechende Handelssignale identifiziert hat. Der Trade beginnt zunächst positiv zu verlaufen und der Preis der Aktie steigt, wodurch der Trader einen kleinen Gewinn machen würde. Dann beginnt der Preis plötzlich zu fallen, und er sieht seine Gewinne schwinden und in Verluste umschlagen. Anstatt die Position zu schließen und die Verluste zu akzeptieren, beginnt der Trader jedoch, sich von der Angst vor weiteren Verlusten überwältigen zu lassen. Er hofft, dass sich der Preis erholt und seine Position wieder in den positiven Bereich zurückkehrt. Aufgrund dieser Angst vor Verlusten entscheidet der Trader, die Position nicht zu schließen und hält stattdessen daran fest. Falls der Preis weiter fällt, wird er größere Verluste erleiden, als wenn er die Position rechtzeitig geschlossen hätte. In diesem Beispiel hat die Angst vor Verlusten dazu geführt, dass der Trader irrational agiert und sich förmlich an eine schlechte Position klammert. Diese Angst verleitet ihn dazu, seine Handelsstrategie zu vernachlässigen und sich von Emotionen beherrschen zu lassen, anstatt objektive Entscheidungen zu treffen.

Fazit: Um die Angst vor Verlusten im Daytrading zu überwinden, ist es wichtig, klare Stop-Loss-Orders festzulegen und sich an diese zu halten. Verluste sollten akzeptiert werden, um langfristig erfolgreich zu sein. Trader sollten daher rechtzeitig aus Positionen aussteigen, wenn ihre Handelsstrategie nicht mehr gültig ist.

- **Recency Bias (Aktualitätsfehler):** Dieser tritt auf, wenn ein Trader dazu neigt, die jüngsten Ereignisse übermäßig zu gewichten und vergangene Erfahrungen zu ignorieren.

Beispiel: Ein Daytrader hat in den letzten Tagen oder Wochen einige erfolgreiche Trades gemacht, bei denen er von einer bestimmten Strategie oder einem bestimmten Setup profitiert hat. Diese Erfolge haben ihn dazu verleitet, sich übermäßig auf diese jüngsten Erfahrungen zu konzentrieren, und er neigt dazu, zukünftige Entscheidungen ausschließlich auf der Grundlage dieser Erfahrungen zu treffen. Konkret: Der Trader hat kürzlich eine Serie von Breakout-Trades gemacht, bei denen er von starken Preisanstiegen nach dem Durchbrechen bestimmter Widerstandsniveaus profitiert hat. Aufgrund dieser Erfolge richtet er seine Aufmerksamkeit nahezu ausschließlich auf Breakout-Setups und ignoriert andere potenzielle Handelsmöglichkeiten. Er geht nur Trades ein, die seinen vorherigen Trades oberflächlich ähneln, ohne eine umfassende Analyse der aktuellen Marktbedingungen durchzuführen. Er missachtet Warnsignale oder Hinweise, die nahelegen, dass dies eine einseitige und verzerrte Sichtweise ist und diese Muster eher zufällig und keinesfalls von Dauer sind.

Fazit: Um den Recency Bias zu vermeiden, ist es wichtig, sich bewusst zu machen, wie jüngste Erfahrungen die Wahrnehmung und Handelsentscheidungen beeinflussen. Trader sollten nicht nur diese Erfahrungen, sondern eine breite Palette von Informationen und Daten berücksichtigen, einschließlich historischer Daten, aktueller Marktbedingungen und langfristiger Trends, um fundierte Handelsentscheidungen zu treffen.

- **FOMO (Fear of Missing Out):** Die Angst, eine profitable Handelsmöglichkeit zu verpassen, kann dazu führen, dass ein Trader impulsiv in den Markt eintritt, ohne eine angemessene Forschung und Analyse durchzuführen.

Beispiel: Ein Daytrader sieht, dass der Preis einer bestimmten Aktie stark gestiegen ist und viele andere Trader davon profitieren, indem sie in den Markt einsteigen. Der Trader fühlt sich von der Angst getrieben, dass er die Gelegenheit verpasst, von dieser Preisbewegung zu profitieren, und fürchtet, dass der Preis weiter steigen könnte, ohne dass er teilnimmt. Als Reaktion darauf entscheidet er sich impulsiv, sofort in den Markt einzusteigen, ohne eine gründliche Analyse durchzuführen oder eine klare Handelsstrategie zu haben. In diesem Beispiel ist der Trader aufgrund von FOMO übermäßig risikobereit und berücksichtigt die potenziellen Risiken oder langfristigen Auswirkungen seines Handelns nicht. Er vernachlässigt grundlegende Handelsprinzipien, wie das Festlegen eines Stop-Loss oder das Beachten von Risikomanagementregeln. Er ist nur darauf fokussiert, eine Gelegenheit zu ergreifen und von der aktuellen Preisbewegung zu profitieren. Darüber hinaus kann die ständige Angst, etwas zu verpassen, dazu führen, dass der Trader übermäßig aktiv wird und häufiger handelt als notwendig, was höhere Handelskosten und oft auch eine erhöhte Anfälligkeit für Fehler nach sich zieht.

Fazit: Um FOMO zu vermeiden, ist es wichtig, geduldig zu sein und auf qualitativ hochwertige Handelssetups zu warten. Durch die Entwicklung einer disziplinierten und rationalen Herangehensweise an das Daytrading kann FOMO langfristig sicher beherrscht werden.

- **Overconfidence (Überzuversicht):** Übermäßiges Vertrauen in die eigenen Fähigkeiten steigert die Risikobereitschaft, was zu übermäßigem Handel und infolgedessen zu Verlusten führen kann.

Beispiel: Ein Trader hat in den letzten Wochen eine Reihe erfolgreicher Trades gemacht und eine beträchtliche Rendite erzielt. Aufgrund dieser Erfolge entwickelt er ein übermäßiges Vertrauen in seine Fähigkeiten und beginnt zu glauben, dass er den Markt besser vorhersagen kann als andere und praktisch unfehlbar ist. Als Ergebnis dieser Überzuversicht fängt der Trader an, größere Positionen einzugehen, höhere Hebel zu verwenden und weniger Vorsicht walten zu lassen. Außerdem ignoriert er Warnsignale und Risiken, die normalerweise seine Aufmerksamkeit erregen würden. Oft besteht auch eine Neigung, Verluste zu rationalisieren und nicht ernst zu nehmen, anstatt Verantwortung zu übernehmen und aus Fehlern zu lernen.

Fazit: Es ist ratsam, realistisch zu bleiben und sich bewusst zu machen, dass der Markt unvorhersehbar ist und bleibt, sodass Verluste unvermeidlich sind. Ein gesundes Maß an Selbstvertrauen ist förderlich, trotzdem ist es wichtig, auch demütig zu bleiben und aus Erfahrungen zu lernen, um langfristig erfolgreich zu sein.

- **Bestätigungsfehler:** Dieser tritt auf, wenn ein Trader nur nach Informationen sucht, die seine bestehenden Überzeugungen bestätigen. Hingegen werden relevante Informationen ignoriert, die den eigenen Standpunkt infrage stellen könnten.

Beispiel: Angenommen, der Trader glaubt, dass der Preis eines bestimmten Aktienwerts bald steigen wird. Er sieht einige technische Signale, die auf eine bevorstehende Aufwärtsbewegung hindeuten könnten, und liest, dass Analysten hinsichtlich der Zukunft des Unternehmens optimistisch sind. Der Trader neigt dazu, diese positiven Informationen überzubewerten und gezielt nach weiteren Beweisen zu suchen, die seine Überzeugung unterstützen. Aufgrund dieses Bestätigungsfehlers ignoriert oder verwirft er möglicherweise Informationen, die seiner Überzeugung widersprechen, und sucht stattdessen selektiv nach Beweisen, die seine bestehende Meinung bestätigen. Auf Basis dieser einseitigen und verzerrten Sichtweise geht er schließlich Trades ein, wobei er Risiken oder Warnsignale ignoriert, die darauf hindeuten, dass der Markt sich anders entwickeln wird.

Fazit: Um den Bestätigungsfehler zu vermeiden, ist es wichtig, offen für verschiedene Perspektiven zu sein und darauf zu achten, wie persönliche Überzeugungen und Vorurteile die Handelsentscheidungen schleichend beeinflussen können. Trader sollten eine gründliche und objektive Analyse der verfügbaren Informationen durchführen und auch Daten berücksichtigen, die ihrer bestehenden Meinung widersprechen. Durch den Einsatz eines klaren und methodischen Ansatzes bei der Handelsentscheidungsfindung minimieren Trader den Einfluss des Bestätigungsfehlers.

- Der **Framing-Effekt** im Daytrading bezieht sich auf die Tendenz von Tradern, ihre Handelsentscheidungen davon beeinflussen zu lassen, wie ihnen Informationen präsentiert werden oder wie eine Situation „eingerahmt" ist. Dies kann dazu führen, dass Trader je nachdem, wie die Informationen dargestellt werden, unterschiedliche Entscheidungen treffen, auch wenn die zugrundeliegenden Fakten die gleichen sind.

Beispiel: Ein Trader sieht zwei verschiedene Marktanalysen für denselben Aktienwert. Die erste Analyse hebt die positiven Aspekte der Aktie hervor und betont, dass sie ein großes Aufwärtspotenzial hat. Die zweite Analyse konzentriert sich hingegen auf die negativen Aspekte der Aktie und warnt vor potenziellen Risiken und Unsicherheiten. Obwohl beide Analysen dieselben grundlegenden Informationen über die Aktie enthalten, würde der Trader dazu neigen, auf die positive Analyse zu hören, da sie eine optimistische Perspektive bietet und mögliche Gewinne betont, und in die Aktie investieren. Hinweis: Der Framing-Effekt kann auch auftreten, wenn ein Trader eine bestimmte Handelsstrategie auswählt.

Fazit: Um den Framing-Effekt im Daytrading zu minimieren, ist es wichtig, sich darüber bewusst zu sein, wie Informationen präsentiert werden, und objektiv zu bleiben, wenn es darum geht, Handelsentscheidungen zu treffen. Trader sollten versuchen, Informationen aus verschiedenen Quellen zu sammeln und eine gründliche Analyse durchzuführen, bevor sie eine Entscheidung treffen. Mit der Vermeidung von voreingenommener oder einseitiger Betrachtung von Informationen kann der Einfluss des Framing-Effekts minimiert werden.

- **Der Dispositionseffekt** im Daytrading bezieht sich auf das Verhalten von Tradern, Gewinne zu schnell zu realisieren, aber Verluste zu lange zu halten. Dieses Phänomen tritt aufgrund von psychologischen Faktoren wie Risikoaversion, Verlustaversion und dem Wunsch nach sofortiger Befriedigung auf. Trader tendieren dazu, Gewinne zu realisieren, um das gute Gefühl des Erfolgs zu erleben, während sie Verluste vermeiden, um dem unangenehmen Gefühl des Scheiterns zu entgehen.

Beispiel: Ein Trader investiert in eine bestimmte Aktie und sieht, dass der Preis schnell steigt. Er ist von diesem schnellen Gewinn beeindruckt und entscheidet sich, die Position zu schließen, um den Gewinn zu realisieren und das gute Gefühl des Erfolgs zu erleben. Dies könnte trotz der Tatsache geschehen, dass die zugrundeliegenden Fundamentaldaten oder technischen Indikatoren darauf hindeuten, dass die Aktie weiter steigen wird. Zudem investiert derselbe Trader in eine andere Aktie, die schnell an Wert verliert. Er ist jedoch widerwillig, die Position zu schließen und den Verlust zu akzeptieren. Stattdessen hält er die Position in der Hoffnung, dass sich der Preis erholen wird, und vermeidet es, den Verlust zu realisieren. Dies kann trotz klarer Anzeichen dafür geschehen, dass die Aktie weiter an Wert verlieren wird.

Fazit: Der Dispositionseffekt kann dazu führen, dass Trader suboptimale Handelsentscheidungen treffen. Dadurch erhöhen sich die Handelskosten, es werden andere Handelsmöglichkeiten verpasst und so insgesamt größere Verluste produziert. Auch hier gilt: Um den Dispositionseffekt im Daytrading zu minimieren, ist es wichtig, immer objektive Handelsregeln festzulegen und sich an diese zu halten.

- Der **Sunk-Cost-Effekt**, auch bekannt als Kosten-Irrelevanz-Prinzip, beschreibt die Tendenz von Menschen, an einer Investition oder Entscheidung festzuhalten, nur weil bereits Ressourcen wie Zeit, Geld oder Energie investiert wurden, auch wenn diese Investitionen nicht mehr rational und die Aussicht auf zukünftige Gewinne gering sind.

Beispiel: Ein Trader kauft eine Aktie, weil er glaubt, dass der Preis steigen wird. Nach dem Kauf der Aktie beginnt der Preis jedoch zu fallen, und der Trader erleidet Verluste. Anstatt die Position zu schließen und die Verluste zu akzeptieren, entscheidet er sich dafür, die Position offenzuhalten, da er bereits eine beträchtliche Menge an Geld investiert hat. Obwohl der Preis weiter fällt und die Verluste des Traders zunehmen, zögert er, die Position zu schließen, weil er hofft, dass sich die Lage verbessert und er seine Verluste ausgleichen kann. Der Trader ignoriert möglicherweise Warnsignale oder Hinweise, die aufzeigen, dass der Preis weiter fallen wird, und hält stattdessen an der Position fest, um seine vergangenen Investitionen zu „rechtfertigen".

Fazit: Es kann irrational und sogar ruinös sein, an einer Verlustposition festzuhalten, nur weil bereits Geld investiert wurde, wenn die Aussichten für zukünftige Gewinne gering sind. Der

Sunk-Cost-Effekt zeigt auch das Problem der Tendenz, an vergangenen Investitionen festzuhalten, anstatt auf zukünftige Chancen zu reagieren.

Praxis-Tipps für Starter

Indem Sie diese häufigen Fehler vermeiden und eine solide Handelsdisziplin entwickeln, können Sie Ihre Chancen auf einen nachhaltigen Erfolg beim Daytrading verbessern. Hier einige zusätzliche Tipps für die Praxis beim Einstieg ins Daytrading:

- **Selbstreflexion:** Nehmen Sie sich Zeit, um Ihre eigenen Emotionen und Denkmuster zu verstehen. Identifizieren Sie Ihre Stärken, Schwächen und Auslöser, die Ihre Handelsentscheidungen beeinflussen.

- Entwickeln Sie eine **tägliche Routine:** Erstellen Sie eine Handelsroutine, die Ihnen hilft, sich zu fokussieren und organisiert zu bleiben. Planen Sie Ihre Handelszeiten, machen Sie vor jedem Trade eine gründliche Analyse und führen Sie ein Handelstagebuch, um Ihre Entscheidungen zu verfolgen und zu bewerten.

- **Gesunder Lebensstil:** Achten Sie auf Ihre körperliche und geistige Gesundheit. Sorgen Sie für ausreichend Schlaf, gesunde Ernährung und Bewegung, um Stress abzubauen und Ihre Leistungsfähigkeit zu steigern.

- **Gemeinschaft und Unterstützung:** Suchen Sie den Austausch mit anderen Tradern und bauen Sie ein Netzwerk auf, das Ihnen Unterstützung, Ratschläge und Feedback bietet. Die Teilnahme an Online-Foren, Trading-Communitys oder lokalen Treffen kann hier hilfreich sein.

9.
Rechtliche und steuerliche Aspekte des Daytradings

Die rechtlichen und steuerlichen Rahmenbedingungen für das Daytrading in Deutschland und der Europäischen Union (EU) hängen vom Wohnsitz des Traders, der Art der gehandelten Finanzinstrumente und der Plattform ab, über die gehandelt wird. Im Allgemeinen gibt es jedoch einige grundlegende steuerrechtliche Aspekte, die für das Daytrading relevant sind.

Allgemeine rechtliche Rahmenbedingungen

Das Daytrading in Deutschland unterliegt verschiedenen Rechtsvorschriften und Regulierungen, die den Handel mit Finanzinstrumenten regeln und den Anlegerschutz gewährleisten sollen. Hier sind einige wichtige Rechtsvorschriften, die für das Daytrading in Deutschland gelten:

- **Wertpapierhandelsgesetz (WpHG):** Das WpHG ist das wichtigste Gesetz, das den Handel mit Finanzinstrumenten in Deutschland regelt. Es enthält Bestimmungen zum Wertpapierhandel in Deutschland, zur Transparenz, zur Marktintegrität und zum Anlegerschutz, einschließlich Regelungen für Wertpapierdienstleistungsunternehmen, Insiderhandel und Marktmanipulation.

- **Markets in Financial Instruments Directive (MiFID II):** Die MiFID II ist eine EU-Richtlinie, die die Regulierung von Wertpapierdienstleistungsunternehmen in der gesamten Europäischen Union vereinheitlicht. Sie legt Anforderungen an die Transparenz, das Risikomanagement und den Anlegerschutz fest und betrifft somit auch das Daytrading in Deutschland.

- **European Market Infrastructure Regulation (EMIR):** Die EMIR ist eine EU-Verordnung, die den Handel mit OTC-Derivaten regelt und Maßnahmen zur Reduzierung systemischer Risiken im Finanzsystem vorsieht. Sie betrifft auch Daytrader, die mit Derivaten handeln.

- **Finanzdienstleistungsaufsicht (BaFin):** Die BaFin ist die zentrale Aufsichtsbehörde für den Finanzmarkt in Deutschland. Sie überwacht die Einhaltung der geltenden Gesetze und Vorschriften, einschließlich des WpHG und der MiFID II. Sie reguliert auch Finanzdienstleistungsunternehmen wie Banken, Broker und Wertpapierhandelsgesellschaften.

- **Steuerliche Vorschriften:** Daytrader müssen auch die steuerlichen Vorschriften beachten. Dies umfasst die Angabe von Gewinnen und Verlusten in der Steuererklärung sowie die Einhaltung von Informations- und Meldepflichten gegenüber den Steuerbehörden.

Diese Liste ist nicht erschöpfend, und je nach Wohnsitzland des Daytraders bestehen weitere Rechtsvorschriften und Regulierungen.

Achtung: Nicht vergessen werden sollten die Allgemeinen Geschäftsbedingungen (AGB) der Broker und Market-Maker. Jeder Daytrader sollte diese unbedingt vor dem Handel genau gelesen haben und seine Rechte, Kosten (Gebühren) und Pflichten daraus erkennen.

Standort, Regulierung und Sicherheiten

Beim Daytrading ist es wichtig, die rechtlichen Rahmenbedingungen, die Regulierung und die Art und Höhe der Sicherheiten zu kennen, insbesondere in Bezug auf den Standort, an dem der Trader tätig ist.

- **Standort des Traders:** Der Standort des Traders kann sich auf die rechtlichen Rahmenbedingungen, die Steuerpflicht und die Regulierung auswirken. Daytrader sollten die spezifischen Gesetze und

Vorschriften in dem Land, in dem sie ihren Wohnsitz haben oder von dem aus sie handeln, genau kennen und beachten.

- **Sicherheiten (zum Beispiel „Margin"):** Beim Daytrading kann es je nach gehandelten Finanzinstrumenten und Handelsstrategien zu erheblichen Risiken kommen. Trader sollten sich bewusst sein, dass sie möglicherweise einen erheblichen Teil oder sogar ihr gesamtes eingesetztes Kapital verlieren können. Stichwort Nachschusspflicht: Im Jahr 2017 hat die BaFin angeordnet, dass eine Nachschusspflicht beim Handel mit CFDs für Privatpersonen nicht mehr zulässig ist.

- **Einlagensicherung:** In einigen Ländern gibt es Einlagensicherungssysteme, die Anleger im Falle einer Insolvenz ihres Brokers oder ihrer Bank schützen sollen. Diese Einlagensicherungssysteme bieten eine gewisse Sicherheit für die Einlagen der Anleger, allerdings können die genauen Bedingungen und Deckungsbeträge je nach Land und Einlagensicherungssystem variieren.

- **Regulatorische Compliance:** Daytrader müssen sicherstellen, dass sie die geltenden Gesetze und Vorschriften einhalten, einschließlich der Erfüllung von Anforderungen zur Identifizierung und Überprüfung von Kunden, der Einhaltung von Handelsbeschränkungen und der Meldung von verdächtigen Transaktionen.

Steuerliche Verpflichtungen und Optimierungsmöglichkeiten

In Deutschland unterliegen Gewinne aus dem Daytrading der Einkommensteuer und gegebenenfalls der Kapitalertragssteuer. Die genaue Besteuerung hängt von verschiedenen Faktoren ab, einschließlich der Art der gehandelten Finanzinstrumente, der Handelsfrequenz, des Wohnsitzes des Traders und seiner steuerlichen Situation. Hier sind die wichtigsten Steuern, die ein Daytrader in Deutschland zahlen muss:

- **Einkommensteuer:** Gewinne aus dem Daytrading werden grundsätzlich als Einkünfte aus Kapitalvermögen behandelt und unterliegen der Einkommensteuer. Die Einkommensteuer wird nach dem persönlichen Steuersatz des Traders auf seinen Gewinn berechnet. Es ist wichtig zu beachten, dass Gewinne aus dem Daytrading dem Progressionsvorbehalt unterliegen, was bedeutet, dass sie bei der Ermittlung des Steuersatzes für andere Einkünfte berücksichtigt werden.

- **Abgeltungssteuer bzw. Kapitalertragssteuer:** Unter bestimmten Umständen können Gewinne aus dem Daytrading auch der Kapitalertragssteuer unterliegen. Die Kapitalertragssteuer beträgt in der Regel gemäß § 32d Absatz 1 Satz 1 Einkommensteuergesetz (EStG) 25 % (zzgl. Solidaritätszuschlag und gegebenenfalls Kirchensteuer) und wird direkt von der Bank oder dem Broker in Deutschland bei inländischen Instituten oder Gesellschaften einbehalten sowie an das Finanzamt abgeführt. Dies gilt für alle Kapitalerträge, darunter Dividenden, Zinsen und auch Gewinne aus dem Daytrading.

- **Solidaritätszuschlag und Kirchensteuer:** Zusätzlich zur Einkommensteuer oder Kapitalertragssteuer muss ein Daytrader eventuell auch den Solidaritätszuschlag sowie gegebenenfalls die Kirchensteuer zahlen, sofern er kirchensteuerpflichtig ist. Der Solidaritätszuschlag beträgt 5,5 % der Einkommensteuer oder Kapitalertragssteuer, während die Kirchensteuer je nach Bundesland oft zwischen 8 % und 9 % der Einkommensteuer bzw. Kapitalertragssteuer beträgt.

- **Gewerbesteuer:** Sollten die Handelsaktivitäten des Daytraders von den Steuerbehörden als gewerbliche Tätigkeit eingestuft werden, ist auch Gewerbesteuer fällig. Der Fiskus wird diese Einstufung dann vornehmen, wenn es sich um das sogenannte Prop-Trading (= „Proprietary", d. h. Beschäftigung von erfahrenen Tradern zur Gewinnerzielung mit dem Kapital der Firma) oder einer Anstellung des Daytraders selbst handelt.

Beispiel: Angenommen, ein Daytrader erzielt einen Gewinn von 50.000 Euro aus dem Daytrading und lebt in einem Bundesland, in dem die Kirchensteuer erhoben wird. Wir gehen davon aus, dass der Einkommensteuersatz für diesen Betrag bei 30 % liegt und die Kirchensteuer bei 9 %.

*Einkommensteuer: 50.000 Euro * 30 % = 15.000 Euro*

*Solidaritätszuschlag: 15.000 Euro * 5,5 % = 825 Euro*

*Kirchensteuer: 15.000 Euro * 9 % = 1.350 Euro*

Die Gesamtsteuerlast für den Daytrader beträgt daher:

Einkommensteuer + Solidaritätszuschlag + Kirchensteuer = 15.000 Euro + 825 Euro + 1.350 Euro = 17.175 Euro

Es ist wichtig zu beachten, dass es sich hier nur um ein vereinfachtes Beispiel handelt und die tatsächliche Steuerlast je nach individueller Situation und Steuersatz variieren kann.

Allerdings haben Daytrader auch verschiedene Möglichkeiten, ihre Steuerlast zu optimieren. Hier sind einige gängige Strategien:

- **Nutzung des Sparer-Pauschbetrags:** In Deutschland sind Kapitalerträge bis zu einem bestimmten Betrag pro Jahr steuerfrei, der als Sparer-Pauschbetrag bezeichnet wird. Daytrader können versuchen, ihre Gewinne unterhalb dieses Betrags zu halten, um von diesem Freibetrag zu profitieren.

- **Steuerlich effiziente Handelsinstrumente:** Daytrader können bestimmte Finanzinstrumente wählen, die steuerlich effizienter sind. Beispielsweise werden in Deutschland Gewinne aus dem Handel mit Aktien anders besteuert als Gewinne aus dem Handel mit Derivaten wie Optionen oder Futures. Es kann sinnvoll sein, sich über die steuerlichen Auswirkungen verschiedener Handelsinstrumente zu informieren und entsprechend zu handeln.

- **Verlustverrechnung:** Daytrader können Verluste aus früheren Trades nutzen, um ihre Steuerlast zu reduzieren. Verluste werden so mit Gewinnen aus anderen Trades verrechnet, um die Steuerbasis zu senken. Es ist wichtig, alle Verluste ordnungsgemäß zu dokumentieren und in der Steuererklärung anzugeben. Seit dem Jahr 2021 beträgt die jährliche Höchstgrenze für die Verlustverrechnung (= Verrechnung mit Gewinnen) beim Handel von Derivaten 20.000 €. Darüber hinausgehende Verluste können nur auf das Folgejahr übertragen werden.

- **Steuerbegünstigte Konten:** In einigen Ländern gibt es spezielle steuerbegünstigte Konten oder Sparpläne, die für Anleger attraktiv sein können. In Deutschland sind dies beispielsweise das

Wertpapierdepot und der Sparplan (ETF-Sparplan). Diese Konten bieten steuerliche Vorteile, wie zum Beispiel die Möglichkeit, Kapitalerträge erst bei Auszahlung zu versteuern.

- **Ausländische Broker:** Handeln Daytrader bei ausländischen Brokern, kann es sein, dass diese keine auf die bei Gewinnen anfallende Abgeltungssteuer direkt an das deutsche Finanzamt abführen bzw. nicht dazu verpflichtet sind. Daraus ergibt sich zunächst ein Liquiditätsvorteil (= mehr Geld für Handel verfügbar) für den Daytrader. Allerdings sind Daytrader selbst dafür verantwortlich, ihre Einnahmen bzw. Gewinne aus dem Daytrading im Rahmen ihrer jährlichen Einkommensteuererklärung gegenüber dem Finanzamt zu melden.

- **Steuerberatung und -planung:** Es kann ratsam sein, professionelle steuerliche Beratung in Anspruch zu nehmen, um die individuelle Steuersituation zu optimieren und mögliche Steuervorteile voll auszuschöpfen. Ein Steuerberater kann dabei helfen, steuerliche Fallstricke zu vermeiden und eine langfristige Steuerstrategie zu entwickeln.

Es ist wichtig zu beachten, dass diese Informationen allgemeiner Natur sind und nicht als Rechtsberatung betrachtet werden sollten. Die rechtlichen Rahmenbedingungen für das Daytrading können komplex sein und sich je nach individuellen Umständen und Entwicklungen auf dem Finanzmarkt ändern. Daher ist es ratsam, sich bei Fragen zu den rechtlichen Aspekten des Daytradings neben Online-Communitys gegebenenfalls an einen Fachanwalt oder einen spezialisierten Steuerberater zu wenden.

Fazit und weiterführende Ressourcen

Zusammenfassend kann gesagt werden, dass Daytrading eine anspruchsvolle, aber potenziell lohnende Form des Handels ist, die eine solide Ausbildung, eine klare Handelsstrategie und Disziplin erfordert. Hierzu will Ihnen der vorliegende Leitfaden die ersten und grundlegendsten Voraussetzungen mit vielen Beispielen und Tipps für die Praxis beim Einstieg liefern.

Abschließend muss aber betont werden, dass Daytrading kein fantastischer und wundersam-schneller Weg zum Reichtum ist. Wer Ihnen das verspricht, verschweigt Ihnen auch die damit realistisch verbundenen Risiken.

Wie bei vielen anderen geistig-handwerklichen Tätigkeiten erfordert es Zeit, Engagement und kontinuierliche Anstrengungen, um erfolgreich zu sein. Indem Sie sich weiterbilden, eine klare Strategie entwickeln und diszipliniert handeln, können Sie jedoch Ihre Chancen auf langfristigen Erfolg im Daytrading deutlich verbessern.

Glossar

Dieses Glossar zum Daytrading für Einsteiger erläutert die grundlegenden Begriffe, die in der Welt des Daytradings relevant sind. Es soll dem Leser helfen, schnell die richtige Erklärung zu finden.

Basiswert (Underlying): Meint das zugrunde liegende Finanzinstrument, auf das sich ein Derivat bezieht. Ein Derivat ist ein Finanzprodukt, dessen Wert von einem anderen Vermögenswert abgeleitet ist, der als Basiswert oder Basisinstrument bzw. „Underlying" bezeichnet wird. Beispiele für Arten von Basiswerten sind: Eine einzelne Aktie oder ein Aktienindex (zum Beispiel DAX, Dow Jones, S&P 500 usw.), Rohstoffe wie Gold, Silber, Öl oder Agrarrohstoffe, Währungspaare wie EUR/USD, GBP/JPY oder USD/JPY sowie Staatsanleihen oder Unternehmensanleihen.

Bärisch, Bären oder Bärenmarkt: Steht für eine Marktstimmung, bei der die Preise wahrscheinlich fallen werden oder fallen. Ein Bärenmarkt (auch als „bärischer" oder „bearisher" Markt bezeichnet) ist ein längerer Zeitraum, in dem die Kurse tendenziell sinken. Die Hauptmerkmale eines bärischen Marktes sind neben den sinkenden Kursen eine pessimistische Stimmung, in welcher die Anleger zum Verkaufen ihrer Positionen neigen, um eigene Verluste zu begrenzen. Oft steigt auch das Handelsvolumen. Diese Marktphasen werden im Allgemeinen von negativen Nachrichten über die Wirtschaft, Unternehmen oder politische Ereignisse begleitet, die das Vertrauen der Anleger erschüttern.

Bullisch, Bullen oder Bullenmarkt: Der Begriff „bullish" oder „bullisch" bezeichnet eine Marktstimmung, bei der die Preise voraussichtlich steigen werden oder steigen. Ein Bullenmarkt (auch als bullischer Markt bezeichnet) ist ein längerer Zeitraum, in dem sich die Vermögenspreise tendenziell positiv entwickeln. Investoren sind optimistisch hinsichtlich der zukünftigen Entwicklung des Marktes und erwarten weitere Kursgewinne. Anleger tendieren dazu, Positionen zu kaufen oder zu halten, um von den steigenden Preisen zu profitieren. Oft steigt auch das Handelsvolumen, da mehr Händler versuchen, von den steigenden Preisen einen Gewinn zu erzielen. Diese Marktphasen werden in der Regel von positiven Nachrichten über die Wirtschaft, Unternehmen oder politische Ereignisse begleitet, die das Vertrauen der Anleger weiter stärken.

Broker: Ist ein Finanzdienstleister, der als Vermittler zwischen einem Trader und den Finanzmärkten agiert. Die Hauptaufgabe eines Brokers besteht darin, seinen Kunden den Zugang zu verschiedenen Finanzmärkten zu ermöglichen, indem er Handelsplattformen, Handelsinstrumente und andere Dienstleistungen bereitstellt.

Call: Ist eine Option im Bereich des Wertpapierhandels und Finanzwesens. Es handelt sich um ein derivatives Finanzinstrument, das dem Käufer das Recht, aber nicht die Verpflichtung einräumt, einen bestimmten Vermögenswert (den Basiswert) zu einem festgelegten Preis (dem Ausübungspreis oder Strike-Preis) innerhalb einer bestimmten Zeitperiode (bis zum Ablaufdatum) zu kaufen.

Chart: Ist eine grafische Darstellung von Daten, insbesondere von Finanzdaten wie Aktienkursen, Devisenkursen, Rohstoffpreisen und anderen Finanzinstrumenten. Charts werden häufig von Tradern und Analysten verwendet, um Trends, Muster und potenzielle Handelsmöglichkeiten zu identifizieren. Es gibt verschiedene Arten von Charts, die häufigsten sind Liniencharts und Candlestick-Charts.

Chartanalyse: Ist eine Methode zur Analyse von Finanzmärkten, die darauf abzielt, zukünftige Preisbewegungen vorherzusagen, indem historische Kursdaten und Chartmuster untersucht werden. Dabei sollen Trends, Muster und potenzielle Handelsmöglichkeiten identifiziert werden.

Daytrader: Eine Person, die innerhalb eines Handelstages Positionen kauft und verkauft, mit dem Ziel, von kurzfristigen Kursbewegungen zu profitieren.

DAX: Die Abkürzung „DAX" steht für „Deutscher Aktienindex". Der DAX ist der prominenteste Aktienindex in Deutschland. Er stellt die Kursentwicklung der 40 größten und umsatzstärksten Unternehmen an der Frankfurter Wertpapierbörse (Frankfurter Börse) dar. Diese Unternehmen werden auch als Blue Chips bezeichnet und decken eine große Bandbreite an Branchen ab, darunter Automobilindustrie, Finanzdienstleistungen, Technologie, Pharma und Konsumgüter. Er wurde am 1. Juli 1988 eingeführt und im September 2021 von 30 auf 40 Aktientitel erweitert.

Derivat: Ist ein Finanzinstrument, dessen Wert und Preis von einem oder mehreren zugrunde liegenden Vermögenswerten abgeleitet sind. Diese Vermögenswerte („Underlying") sind beispielsweise Aktien, Anleihen, Rohstoffe, Währungen, Zinssätze und andere Finanzinstrumente. Einige der gängigsten Arten von Derivaten sind Optionen, Futures, Swaps, Optionsscheine und Zertifikate. Sie ermöglichen es Anlegern, auf Preisbewegungen und Volatilität von Vermögenswerten zu spekulieren, ohne diese Vermögenswerte tatsächlich zu besitzen.

Diversifizierung: Ist eine Anlagestrategie, bei der ein Anleger sein Portfolio über verschiedene Anlageklassen, Branchen, Märkte und Vermögenswerte hinweg streut, um das Risiko zu minimieren und potenzielle Renditen zu maximieren. Sie zielt darauf ab, das Risiko zu verringern, das mit der Konzentration von Vermögenswerten in einem einzigen Investment verbunden ist, und gleichzeitig die Chancen zu erhöhen, mit zumindest einigen Anlagepositionen eine positive Rendite zu erzielen, selbst wenn andere Positionen Verluste verzeichnen.

Emittent: Ist eine Einrichtung, Organisation oder Person, die Finanzinstrumente wie Aktien, Anleihen, Zertifikate oder Derivate ausgibt oder emittiert. Sie ist verantwortlich für die Erstellung und den Verkauf dieser Finanzinstrumente an Investoren, um Kapital zu beschaffen oder andere finanzielle Ziele zu erreichen. So sind Unternehmen (Anleihen), Regierungen (Staatsanleihen), Banken oder andere Finanzinstitute (Zertifikate, Anleihen, Derivate) sowie Investmentfonds (Fondsanteile) typische Emittenten.

ETF: Ein sogenannter „Exchange Traded Fund" (ETF) ist ein börsengehandelter Investmentfonds, der in der Regel eine Sammlung von Vermögenswerten wie Aktien, Anleihen, Rohstoffen oder anderen Finanzinstrumenten nachbildet. ETFs werden an Börsen gehandelt, ähnlich wie einzelne Aktien. Sie ermöglichen es Anlegern, breit diversifizierte Portfolios zu niedrigen Kosten zu erstellen und flexibel zu handeln. Sie sind bei Anlegern aufgrund ihrer Einfachheit, Diversifikation, Liquidität und kosteneffizienten Struktur sehr beliebt.

ESG: Steht für Umwelt, Soziales und Governance (englisch: „Environmental, Social, and Governance"). ESG-Kriterien werden von Investoren, Fondsmanagern oder Ratingagenturen verwendet, um die Nachhaltigkeitsleistung von Unternehmen zu bewerten und in Anlageentscheidungen einzubeziehen.

EUREX: Ist eine der weltweit führenden Terminbörsen für Derivate und Teil der Deutschen Börse Group. Sie wurde im Jahr 1998 gegründet und hat ihren Sitz in Eschborn bei Frankfurt am Main. Sie betreibt Handelsplattformen für eine Vielzahl von Finanzderivaten, darunter Aktienindex-Futures und -Optionen, Zins-Futures und -Optionen, Devisen-Futures und -Optionen sowie Rohstoff-Futures und -Optionen. Die Eurex ist eine wichtige Börse für institutionelle Investoren, Banken, Broker und Handelshäuser, die Derivate für Absicherungs-, Spekulations- und Handelszwecke verwenden.

Fonds: Ist eine Anlagestruktur, bei der das Kapital von einer Gruppe von Anlegern gesammelt wird, um gemeinsam in verschiedene Vermögenswerte zu investieren. Ein Fonds wird von einem professionellen Fondsmanager verwaltet, der die Anlagestrategie festlegt, Vermögenswerte auswählt und das Fondsportfolio aktiv verwaltet, um die Anlageziele des Fonds zu erreichen. Es gibt verschiedene Arten von Fonds, darunter Investmentfonds, Hedgefonds, Exchange Traded Funds (ETFs), Rentenfonds, Aktienfonds, Geldmarktfonds sowie alternative Investmentfonds.

Futures: Sind standardisierte Finanzverträge, die den Käufer dazu verpflichten, einen Vermögenswert zu einem festgelegten Preis an einem zukünftigen Zeitpunkt zu kaufen oder zu verkaufen. Futures-Kontrakte werden an Terminbörsen gehandelt, um Preisrisiken abzusichern oder spekulative Positionen einzugehen.

Forex: Steht als Abkürzung für „Foreign Exchange" und bezieht sich auf den Handel mit Währungen auf dem Devisenmarkt. Der Devisenmarkt ist der größte und liquideste Finanzmarkt der Welt, auf dem Währungen verschiedener Länder gegeneinander gehandelt werden. Der Forex-Markt ist ein wichtiger Bestandteil des globalen Finanzsystems und wird von verschiedenen Marktteilnehmern wie Banken, Finanzinstitutionen, Unternehmen, Regierungen, Hedgefonds, Tradern sowie Investoren genutzt, um von Wechselkursschwankungen zu profitieren.

Gleitender Durchschnitt: Eine statistische Berechnung, die verwendet wird, um Datenpunkte zu analysieren, indem eine Reihe von Durchschnittswerten unterschiedlicher Teilmengen des gesamten Datensatzes erstellt wird. Gleitende Durchschnitte werden von Daytradern häufig verwendet, um Trends und potenzielle Ein- oder Ausstiegspunkte zu identifizieren.

Hausse, haussieren: Beschreibt eine Phase steigender Kurse an den Finanzmärkten. Wenn die Kurse von Aktien, Anleihen, Rohstoffen oder anderen Vermögenswerten über einen längeren Zeitraum hinweg kontinuierlich steigen, befindet sich der Markt in einer Hausse. Der Begriff stammt aus dem Französischen und bedeutet „Anstieg" oder „Erhöhung", was hier bedeutet, dass die Käufer dominieren und den Preis nach oben drücken.

Hebel: Dieser bezeichnet die Möglichkeit, eine größere Position zu kontrollieren, als es mit dem eigenen Kapital möglich wäre. Er drückt das Verhältnis zwischen dem Wert einer Position und dem dafür einzusetzenden Kapital (erforderliche Margin) aus. Der Hebel ermöglicht es einem Investor, potenzielle Renditen zu steigern, birgt jedoch auch ein höheres Risiko von Verlusten. Die europäische Regulierungsbehörde ESMA (European Securities and Markets Authority) hat Hebelprodukte für Privathändler seit 2018 europaweit auf maximal 1:30 (Major-Forex-Paare) und unter anderem bei Währungspaaren, Hauptindizes sowie Gold auf 1:20 begrenzt. Aktien sind maximal mit 1:5 und Kryptowährungen mit 1:2 gehebelt handelbar.

Hedging: Ist eine Strategie, die dazu dient, das Risiko von Verlusten in einem Investmentportfolio zu verringern oder abzusichern. Beim Hedging versucht ein Anleger, potenzielle Verluste in einem Vermögenswert durch eine entgegengesetzte Position in einem anderen Vermögenswert auszugleichen oder zu reduzieren.

Index: Ist eine aggregierte Darstellung der Wertentwicklung einer Gruppe von Vermögenswerten oder Wertpapieren, die dazu dient, die Performance eines bestimmten Marktes, einer Anlageklasse oder eines bestimmten Sektors zu messen. Indizes werden verwendet, um die Richtung und Stärke von Märkten zu verfolgen, Anlageportfolios zu vergleichen und Finanzprodukte wie Indexfonds und Derivate zu erstellen. Beispiele für bekannte Indizes sind der DAX (Deutschland), S&P 500 (USA), der Dow Jones Industrial Average (USA), der FTSE 100 (Vereinigtes Königreich) sowie der Nikkei 225 (Japan).

Intraday: Ein Begriff für Handelsaktivitäten, die innerhalb eines einzigen Handelstages stattfinden.

Kerzenchart: Ein Typ von Finanzchart, der die Preisbewegung eines Vermögenswerts über einen bestimmten Zeitraum zeigt. Kerzencharts werden sehr häufig in der technischen Analyse verwendet und liefern wertvolle Informationen über die Eröffnungs-, Schluss-, Höchst- und Tiefstkurse innerhalb eines bestimmten Zeitrahmens.

Kontrakt: Ist eine rechtliche Vereinbarung zwischen zwei Parteien, in der bestimmte Bedingungen (zum Beispiel Laufzeit oder ein Ablaufdatum) für den Kauf oder Verkauf eines Vermögenswerts oder die Durchführung einer bestimmten Transaktion zum Beispiel bei Derivaten, Warentermingeschäften, Devisengeschäften festgelegt sind. Im Handel mit Optionen bedeutet er die kleinste handelbare Einheit.

Leerverkauf: Der Leerverkauf, auch als „Short Selling" bekannt, ist eine Anlagestrategie, bei der ein Anleger Wertpapiere verkauft, die er nicht besitzt, in der Hoffnung, sie später zu einem niedrigeren Preis zurückzukaufen und Gewinne zu erzielen. Leerverkäufe werden verwendet, um von fallenden Kursen zu profitieren oder um sich gegen potenzielle Verluste in einem Portfolio abzusichern.

Limit: Ist ein Auftrag, den ein Anleger an seinen Broker oder eine Handelsplattform sendet, um eine Kauf- oder Verkaufsorder zu einem bestimmten Preis auszuführen oder zu erfüllen. Diese werden verwendet, um den Preis festzulegen, zu dem ein Anleger bereit ist, eine Transaktion durchzuführen. Damit helfen sie, den Handel effizienter zu gestalten und potenzielle Verluste zu begrenzen. Es gibt Limit-Order zum Kauf oder Verkauf.

Liquidität: Die Leichtigkeit, mit der ein Vermögenswert gekauft oder verkauft werden kann, ohne einen signifikanten Preisanstieg oder -rückgang zu verursachen. Daytrader bevorzugen oft hochliquide Vermögenswerte, weil sie schnell in und aus Positionen gehen können, ohne den Markt zu beeinflussen.

Margin: Auf Deutsch oft als „Sicherheitsleistung" bezeichnet, bezieht sich die Margin auf eine bestimmte Menge an Geld oder Wertpapieren, die ein Anleger zur Eröffnung einer Position hinterlegen muss. Eine Margin wird verwendet, um sicherzustellen, dass der Anleger in der Lage ist, potenzielle Verluste zu decken und die Integrität des Handelskontos aufrechtzuerhalten. Beim Handel mit gehebelten Produkten wie Futures, Optionen oder CFDs (Contracts for Difference) müssen Anleger oft eine Sicherheitsleistung hinterlegen, die als Prozentsatz des gesamten Handelswerts festgelegt ist.

Margin Call: Ist eine Warnung oder Aufforderung eines Brokers an einen Anleger, zusätzliche Mittel auf sein Handelskonto einzuzahlen oder Positionen zu liquidieren, um die erforderliche Maintenance Margin (Mindest-Eigenkapitalbetrag für offene Position) zu erfüllen. Ein Margin-Call tritt auf, wenn das Eigenkapital des Anlegers auf seinem Konto unter einen bestimmten Schwellenwert fällt. Er wird typischerweise ausgelöst, wenn die Märkte sich gegen die Positionen des Anlegers bewegen und Verluste verursachen, die das Eigenkapital auf dem Konto aufzehren. Tritt ein solcher Call ein, benachrichtigt der Broker den Anleger normalerweise über die erforderliche Handlung, entweder durch eine Mitteilung auf dem Handelskonto, per E-Mail oder telefonisch. Der Anleger wird aufgefordert, entweder zusätzliche Mittel auf das Konto einzuzahlen oder Positionen zu liquidieren, um die Margin-Anforderungen zu erfüllen. Reagiert der Anleger nicht auf einen Margin-Call oder ist er nicht in der Lage, zusätzliches Kapital einzuzahlen, um die Positionen zu halten, kann der Broker dazu übergehen, Positionen auf dem Konto des Anlegers zwangsweise zu liquidieren.

Market-Maker: Ist eine Finanzinstitution oder ein Broker, der regelmäßig Kauf- und Verkaufsangebote für bestimmte Wertpapiere oder andere Finanzinstrumente anbietet und damit Liquidität auf dem Markt bereitstellt. Market-Maker spielen eine wichtige Rolle im Börsenhandel, indem sie sicherstellen, dass es immer genügend Angebote gibt, um den Handel zu erleichtern und die Ausführung von Transaktionen zu ermöglichen. Market-Maker finden sich in verschiedenen Märkten, einschließlich Aktienmärkten, Devisenmärkten, Anleihemärkten und Derivatemärkten.

Performance: Wird verwendet, um die Wertentwicklung einer Anlage oder eines Anlageportfolios über einen bestimmten Zeitraum zu beschreiben. Die Performance wird oft in Form von Renditen gemessen und kann positiv oder negativ sein, abhängig von den Preisbewegungen des zugrunde liegenden Vermögenswerts oder Portfolios.

Portfolio: Ist eine Zusammenstellung von Anlagen oder Vermögenswerten, die von einem Investor oder einer Organisation gehalten werden. Ein Portfolio kann aus verschiedenen Arten von Anlageklassen bestehen, darunter Aktien, Anleihen, Rohstoffe, Immobilien, Bargeld und andere Finanzinstrumente. Das Ziel eines Portfolios besteht typischerweise darin, eine angemessene Diversifizierung zu erreichen, Risiken zu streuen und Renditen zu maximieren, jeweils auf der Basis von Anlagezielen und der Risikotoleranz des Investors.

Risikomanagement: Strategien und Techniken, die von Tradern angewendet werden, um potenzielle Verluste zu minimieren und das Kapital zu schützen.

Scalping: Eine Handelsstrategie, bei der Trader versuchen, kleine Gewinne aus häufigen Trades zu erzielen, indem sie kleine Kursunterschiede im Laufe des Tages ausnutzen.

Setup: Ist eine vordefinierte Kombination von Handelssignalen, die ein Trader identifiziert und verwendet, um eine potenziell profitable Handelsmöglichkeit zu erkennen. Ein Setup kann auf verschiedenen technischen Indikatoren, Chart-Mustern, Preisaktionen oder anderen Analysetechniken basieren und hilft dem Trader, klare Einstiegs- und Ausstiegspunkte für seine Trades zu bestimmen. Ein erfolgreiches Handelssetup ist oft das Ergebnis von umfangreicher Analyse, Backtesting und Erfahrung.

Slippage: Ist die Differenz zwischen dem erwarteten Preis einer Handelsorder und dem tatsächlichen Ausführungspreis. Diese Differenz kann auftreten, wenn eine Order nicht zum erwarteten Preis ausgeführt wird, sondern zu einem anderen Preis, der aufgrund von Marktvolatilität, Illiquidität oder anderen externen Faktoren abweicht. Slippage kann sowohl positiv als auch negativ sein: Positive Slippage tritt auf, wenn eine Order zu einem besseren Preis als erwartet ausgeführt wird. Dies kann vorkommen, wenn sich der Marktpreis in die gewünschte Richtung bewegt, bevor die Order ausgeführt wird. Eine negative Slippage liegt vor, wenn eine Order zu einem schlechteren Preis als erwartet ausgeführt wird. Ursache ist eine Verzögerung bei der Ausführung der Order, in welcher sich der Marktpreis gegen den Trader bewegt hat.

Stop-Loss: Ein vorab festgelegtes Kursniveau, bei dem ein Trader eine Verlustposition verlassen wird, um Verluste zu begrenzen.

Technische Analyse: Die Analyse historischer Marktdaten, hauptsächlich Preis- und Volumendaten, um zukünftige Kursbewegungen vorherzusagen. Die technische Analyse wird von Daytradern häufig verwendet, um Muster und Trends zu identifizieren.

Volatilität: Das Ausmaß der Schwankungsbreite einer Handelspreisreihe im Laufe der Zeit. Daytrader suchen oft nach volatilen Vermögenswerten, da sie mehr Chancen für Gewinne bieten.

Quellenverzeichnis

Bauer, Dr. Gregor; Berkholz, Michael; Lang, Felix: *Die Trading-Gewinntechnik.* 3. überarbeitete Auflage 2023, Bonn, Verlag für die Deutsche Wirtschaft AG

Daeubner, Pierre M.: *Alles was Sie über Technische Analyse wissen müssen.* Sonderauflage für die GLOBE Trader AG, 2004 (gen. München, FinanzBuch Verlag)

Daeubner, Pierre M.: *Die besten Trading-Strategien.* 1. Auflage 2007, München, FinanzBuch Verlag

Justilius, Wolfgang: *Tradingpsychologie für Beginner.* 1. Auflage 2018, Deggendorf, CherryMedia GmbH

Karaca, Serdar: *Börsenbekenntnisse – Wie erfolgreiches Traden wirklich funktioniert.* Auflage 2023, Eigenverlag

Molzahn, Wolfgang: *Charttechnik – Die >>Technische Analyse<< für Otto Normalaktionär.* 1. Auflage 2012, Schwandorf, Eigenverlag

Murphy, John J.: *Charttechnik leicht gemacht.* 1. Auflage 2005, München, FinanzBuch Verlag

Riße, Stefan: *CFD – Contracts for Difference.* 1. Auflage 2005, München, FinanzBuch Verlag

Roller, Karin: *Trading für Dummies.* 3. Auflage 2022, Weinheim, Wiley-VCH GmbH

Schäfermeier, Birger: *Die Kunst des erfolgreichen Tradens.* 2. unv. Auflage 2007, München, FinanzBuch Verlag

Voigt, Michael: *Das große Buch der Markttechnik – Auf der Suche nach der Qualität im Trading.* 1. Auflage 2006, München, FinanzBuch Verlag

Wahlen, Christoph: *Mentaltraining für den erfolgreichen Day-Trader.* 1. Auflage 2010, München, FinanzBuch Verlag

Williams, Larry: *Die Erfolgsgeheimnisse des Kurzfrist-Tradings.* Übersetzung Pierre Daeubner / Jürgen Skuda, 1. Auflage 2007, München, FinanzBuch Verlag